ISAAC LAQUEDEM

PAR

ALEXANDRE DUMAS

IV

PARIS
A LA LIBRAIRIE THÉATRALE,
BOULEVARD SAINT-MARTIN, 12.

1853

ISAAC LAQUEDEM.

PARIS. — IMPRIMERIE DE Mme Ve DONDEY-DUPRÉ,
rue Saint-Louis, 46, au Marais.

ISAAC
LAQUEDEM

PAR

ALEXANDRE DUMAS

IV

PARIS
A LA LIBRAIRIE THÉATRALE,
BOULEVARD SAINT-MARTIN, 12.

1853

ISAAC LAQUEDEM

CHAPITRE XV.

DE PILATE A HÉRODE.

Il y eut, dans toute cette multitude témoin du triple miracle, un moment de profonde terreur; puis la haine l'emporta, et, les cris ayant redoublé, Pilate fit signe à Jésus de s'approcher.

Jésus obéit.

Pilate le regarda pendant quelques secondes avec une grande curiosité.

C'était la première fois qu'il voyait cet homme dont tant de fois il avait entendu parler, et dont sa femme même l'avait entretenu une partie de la nuit.

Jésus attendait patiemment qu'il l'interrogeât.

— Es-tu véritablement le roi des Juifs? lui demanda Pilate.

A cette question inattendue, Jésus releva la tête : elle s'écartait complétement de celles qui lui avaient été faites jusque-là.

Aussi, avec sa douceur habituelle :

— Dites-vous cela de vous-même, demanda-t-il au préteur, ou parlez-vous d'après d'autres qui vous ont dit cela de moi ?

— Je parle d'après d'autres, répondit Pilate; tu sais bien je ne suis pas Juif...

»Ceux de ta nation et les princes des prêtres te livrent entre mes mains afin que je te juge : réponds donc à mes questions.

Jésus secoua la tête avec mélancolie.

— Mon royaume n'est pas de ce monde, dit-il ; si mon royaume était de ce monde, mes disciples eussent combattu pour m'empêcher de tomber aux mains des Juifs, tandis que, au contraire, je leur ai défendu de résister.

Pilate réfléchit un instant ; la réponse était péremptoire : elle niait toute prétention au pouvoir temporel ; c'était une renonciation à la royauté du monde, non-seulement dans le présent, mais encore dans l'avenir.

— Bien, dit Pilate, je comprends, tu es chef de secte. Maintenant, quelle secte as-tu fondée, ou à quelle secte appartiens-tu? Ce n'est pas à celle des pharisiens, puisque tu les attaquais publiquement, et que, tous les jours, tu prêchais contre eux.

— Préteur, dit Jésus, ce n'est pas parce que j'ai attaqué publiquement les pharisiens, et que, tous les jours, je prêchais contre eux, que je ne suis point des leurs; c'est parce que les pharisiens placent la morale dans les actes extérieurs de l'homme, et non pas dans sa conscience intime; c'est parce qu'ils croient avoir atteint la perfection suprême en s'attachant strictement, non pas à l'esprit, mais à la lettre de la loi. Ils se sont scandalisés de me voir assis à la table des publicains, ayant autour de moi des gens de mauvaise renommée;

mais, moi, je leur ai répondu : « Ce sont les malades qui ont besoin de médecin, et non pas ceux qui sont en bonne santé ; ce ne sont donc point les justes, ce sont les pécheurs que je suis venu appeler à la pénitence. » Les pharisiens suivent la loi de Moïse, qui recommande la vengeance, et réclame œil pour œil, dent pour dent, tandis que moi, j'ai dit : « Si l'on vous frappe sur une joue, mes frères, tendez l'autre joue! » Les pharisiens gardent la rancune, et vengent l'affront ; tandis que, moi, j'ordonne à mes disciples d'aimer leurs ennemis, de bénir ceux qui les maudissent, et de rendre le bien à ceux qui leur ont fait le mal. Les pharisiens font l'aumône à son de trompe, et se montrent constamment avec un visage pâli par le jeûne ;

et, moi, au contraire, je ne veux pas que la main gauche sache ce que fait la main droite; et moi, au contraire, je réprouve les abstinences pratiquées par ostentation... Vous voyez bien que je ne suis pas pharisien!

— Mais, alors, demanda Pilate, tu es donc saducéen?

Jésus secoua de nouveau la tête.

— Les saducéens, dit-il, croient que l'âme périt avec le corps, et appliquent la doctrine de l'immortalité et de la résurrection, non pas aux âmes mais aux races; ils nient la puissance supérieure et l'inspiration surhumaine; ils affirment que le bien comme le mal dépend de nous seuls, et n'admettent pas que Dieu se préoccupe de nos actions; — tandis que, moi, je dis, au contraire, que l'âme est immortelle; tandis que, moi, je prêche la résurrection des corps; tandis que moi, je prie et j'adore Dieu comme le grand régulateur des actions humaines; tandis que, moi, je crois au péché originel, que je suis descendu combattre; tandis que, moi, je montre le Seigneur jugeant les vivants et les morts à la fin des siècles... Vous voyez bien que je ne suis pas saducéen!

Pilate écoutait avec une profonde attention ce que disait Jésus, et plus il parlait, plus il trouvait dans ses paroles un sujet d'éloge au lieu d'y trouver un sujet de blâme.

— Ah! dit-il, je comprends, tu es essénien.

Jésus secoua encore la tête.

— Les esséniens, dit-il, ont rejeté le

mariage parce que la femme leur paraît d'une trop inconstante nature; les esséniens regardent la fatalité comme le seul pouvoir qui plane sur le monde; les esséniens exigent un noviciat de trois ans, et vous font subir l'initiation avant de vous admettre dans leur communauté; — moi, au contraire, j'ai prêché le mariage en disant que l'époux et l'épouse étaient une même chair; moi, au contraire, j'ai fait une prière dont les premiers mots sont : « Notre père qui êtes aux cieux... » moi, au contraire, enfin, j'appelle tout le monde à mon banquet fraternel, et, en envoyant mes disciples propager ma doctrine sur la face du globe, je leur ai dit : « Allez! enseignez les nations sans faire de préférence entre elles; vous portez dans le creux de la main un océan de vérité, laissez-le déborder sur la terre. Vous voyez bien que je ne suis pas essénien !

— Mais qu'es-tu donc, alors? demanda Pilate.

— Je suis le Messie, répondit Jésus, envoyé ici bas pour y répandre la vérité.

— La vérité, dit Pilate en riant; oh! Jésus, tâche de m'expliquer ce que c'est que la vérité !

— La vérité, c'est à l'intelligence ce que la lumière est au monde matériel.

— Il n'y a donc pas de vérité sur la terre, dit Pilate, que tu es forcé de nous l'apporter du ciel?

— Si fait! reprit Jésus; seulement, ceux qui disent la vérité sur la terre sont jugés par ceux qui ont le pouvoir sur la terre!.. Et la preuve, c'est que je suis amené près de toi par les Juifs, et condamné par eux à mort pour avoir dit la vérité.

Pilate se leva, fit dans la galerie deux ou trois tours en long et en large, regardant, chaque fois, Jésus avec un étonnement qui ressemblait presque à de l'admiration.

Puis, enfin, se parlant à lui-même :

— Claudia avait raison, dit-il, cet homme est un juste!

Alors, il s'approcha de la balustrade, et, s'adressant à cette multitude, qui, craignant toujours de se souiller, se tenait dehors.

— Accusez sur d'autres points, dit-il, car jusqu'ici je ne trouve aucune faute dans cet homme.

Il se fit aussitôt un grand murmure, et de nouvelles accusations s'élevèrent de tous côtés.

Au milieu de ces accusations, Pilate saisit celle-ci qui avait une tendance plus directe que les autres à la magie.

— Il a dit qu'il pouvait détruire le temple, et le relever en trois jours !

— Quel temple ? demanda Pilate.

— Celui de Salomon, celui qu'on a mis quarante-six ans à bâtir. Comprends-tu bien, Pilate ? il a dit qu'il pourrait le renverser et le rebâtir en trois jours !

— Ce que je comprends bien, dit Pilate, c'est que, pour une cause ou pour une autre, vous avez soif du sang de cet homme ; mais, quant à moi, je ne trouve rien qui mérite la mort dans l'inobservance du sabbat lorsqu'elle n'a d'autre but et d'autre résultat que le bien, ni dans ce propos, qui est probablement quelque parabole, de détruire le temple, et de le relever en trois jours.

En effet, les Juifs avaient mal compris ou voulu mal comprendre; les paroles de Jésus étaient celles-ci : « Détruisez le temple du Seigneur, et je le rebâtirai en trois jours! » ce qui signifiait : « Tuez-moi, moi qui suis le vrai temple du Seigneur, puisque c'est de moi que sort la vérité, et, au bout de trois jours, je ressusciterai! »

Cette seconde réponse de Pilate irrita les ennemis de Jésus, mais, en même temps, rendit quelque courage à ses amis. Nicodème était au milieu de cette foule, n'attendant, comme il l'avait fait au grand conseil, qu'un moment pour élever la voix en faveur de l'accusé.

Il crut le moment propice, et sortit des rangs.

— Pilate, je te prie, dans ta justice, dont tu viens de donner une preuve si éclatante, de me laisser dire quelques paroles.

— Approche au pied de cette galerie, et parle, dit Pilate.

Nicodème s'avança jusqu'au pied de la galerie.

— J'ai déjà plaidé pour cet homme, continua Nicodème, devant le grand conseil, et j'ai dit aux anciens, aux prêtres, aux lévites, à la multitude : Quelle plainte portez-vous contre Jésus? Il faisait de nombreux et éclatants miracles, tels que personne jusqu'ici n'en a fait. Renvoyez-le, et ne le punissez pas. Si ces miracles viennent de Dieu, ils seront stables et éternels ; s'ils viennent du démon, ils seront éphémères, et se détruiront d'eux-mêmes. Il en sera de lui comme de ces magiciens d'Égypte que le pharaon suscita contre Moïse : en face des miracles de ce dernier, qui venaient de Dieu, leurs miracles avortèrent, et eux périrent. » Eh bien, Pilate, prends cet exemple tiré de notre propre histoire, et renvoie Jésus en laissant au temps à décider s'il est imposteur ou messie, faux prophète ou fils de Dieu.

Alors, les Juifs, furieux contre Nicodème, crièrent :

— N'écoute pas cet homme, Pilate ! ne l'écoute pas ! il est son disciple !

— Je suis son disciple ? s'écria Nicodème.

— Oui, oui, oui ! hurlèrent les Juifs, tu es son disciple, puisque tu parles en sa faveur !

— Mais, objecta Nicodème, le préteur de César, qui parle en sa faveur comme moi, est-il son disciple aussi ? Non, César l'a élevé en dignité pour que, du faîte où il est placé, il dominât nos pauvres passions, et nous rendît justice aux uns comme aux autres, aux grands comme aux petits, aux faibles comme aux puissants.

— Alors, puisque tu prends une part de ses crimes, répondit le peuple, tu prends donc aussi une part dans son châtiment ?

— Je prends la part que mon seigneur

Jésus voudra me donner dans son martyre et dans son triomphe, dit Nicodème, — et, en attendant, je le répète, justice, Pilate! justice!

Pilate fit un signe de la main pour réclamer le silence, et, montrant Nicodème :

— Outre cet homme, dit-il, qui mérite croyance, puisqu'il est membre de votre conseil, y a-t-il encore d'autres personnes disposées à témoigner en faveur de l'accusé?

Alors, un homme s'avança et dit :

— Puis-je parler, moi?

— Parle! répondit Pilate.

— Eh bien, voici ce qui m'est arrivé à moi-même. Depuis trente-huit ans, je gisais dans mon lit en proie à d'horribles souffrances, et à chaque instant en danger de mort. Jésus vint à Jérusalem; alors, j'entendis raconter que des aveugles, des muets, des démoniaques avaient été guéris par lui; quelques jeunes gens me prirent et m'apportèrent devant Jésus avec mon lit, et lui, me voyant, fut touché de compassion, et dit : « Lève-toi, prends ton lit, et marche ! » Aussitôt, je fus complétement guéri : je pris mon lit, et je marchai.

— Oui, oui, crièrent les Juifs; mais demande-lui quel jour il fut guéri.

— Quel jour cette guérison eut-elle lieu? demanda Pilate.

— Je dois dire qu'elle eut lieu le jour du sabbat, répondit le témoin.

Alors, le préteur, se retournant vers Jésus :

— Tu guérissais donc le jour du sabbat comme les autres jours? demanda-t-il.

— Pilate, répondit Jésus avec son triste sourire, quel est le berger qui, voyant une de ses brebis tombée dans le fleuve, et entraînée vers un abîme, ne se mettra à l'eau, fût-ce le jour du sabbat, pour sauver la pauvre brebis qui se noie?

Pilate passa sa main sur son front mouillé de sueur.

— Cet homme a toujours raison! dit-il.

Puis, s'adressant de nouveau au peuple :

— Quelqu'un témoigne-t-il encore en faveur de l'accusé? demanda Pilate.

— Oui, moi! dit un homme sortant

à son tour des rangs de la foule. J'étais aveugle de naissance; j'entendais parler autour de moi, et je ne voyais personne; mais, Jésus étant passé par Jéricho, et des gens charitables m'ayant conduit sur son passage, je criai à haute voix : « Fils de David, prends pitié de moi » et il prit pitié de moi, et il posa sa main sur mes yeux, et, moi qui n'avais jamais vu, je vis!

Alors, une femme s'approcha à son tour, et dit :

— Depuis douze ans, je perdais mon sang, et m'en allais mourante; je me fis porter sur le chemin où devait passer Jésus, et, manquant de voix, même pour l'implorer, je me contentai de toucher la frange de son manteau : à l'instant même, je fus guérie.

Elle avait à peine achevé, qu'un homme s'avança.

— Tout le monde, à Jérusalem, m'a connu boiteux et contrefait, dit-il; je marchais ou plutôt je me traînais à l'aide de deux béquilles; Jésus a étendu la main vers moi, a prononcé un mot, et j'ai été guéri.

Un lépreux s'avança et dit :

— Moi aussi, j'ai été guéri d'un mot :

Un démoniaque s'avança et dit :

— Moi aussi, par un mot, j'ai été délivré du démon.

— Tu vois bien que cet homme a puissance sur les démons! crièrent les Juifs.

Pilate se retourna vers Jésus, comme pour lui demander : « Qu'as-tu à répondre?

— Oui, dit Jésus, j'ai puissance sur les démons, mais pour les faire rentrer en enfer, et cette puissance prouve, au contraire, que je viens de la part de Dieu.

— Pour la troisième fois, s'écria Pilate s'adressant au peuple, je vous répète que cet homme est innocent!

— Et nous, s'écrièrent les Juifs, nous te répétons à notre tour, préteur romain, que cet homme soulève le peuple par sa doctrine depuis la Galilée, où il a commencé, jusqu'à Jérusalem, où il va finir!

— Comment, depuis la Galilée jusqu'ici? demanda vivement Pilate voyant, dans cette réponse qui venait de lui être faite, un moyen d'écarter de lui la responsabilité du jugement ; — cet homme est-il donc Galiléen?

— Oui, oui, hurla la foule, il est Galiléen, et les Écritures disent qu'aucun prophète ne peut venir de Galilée... Mort au faux prophète! mort au Galiléen!

Alors, Pilate, se retournant vers Jésus :

— Es-tu vraiment Galiléen, comme le disent ces hommes? demanda-t-il.

— Je suis né à Bethléem, dit Jésus; mais mon père et ma mère selon le monde sont de Nazareth en Galilée.

— En ce cas, dit Pilate saisissant avec empressement cette voie nouvelle qui s'ouvrait devant lui, ce n'est point à moi, qui suis procurateur de César à Jérusalem, que tu as affaire : c'est à Hérode, tétrarque de Galilée.

Et, s'adressant au peuple :

— Puisque cet homme est Galiléen, dit-il, il est justiciable d'Hérode, et non de moi. En conséquence, je le renvoie à Hérode, qui se trouve justement à Jérusalem, à cause de la fête.

Puis, aux gardes :

— Conduisez cet homme chez Hérode, et dites au tétrarque que c'est moi, le procurateur romain, qui le lui renvoie, ne me croyant pas le droit de juger un de ses sujets.

Les gardes entourèrent Jésus, qui descendit l'escalier du prétoire avec son humilité et sa résignation habituelles.

Pendant ce temps, Pilate, ayant entendu les anneaux d'une tapisserie grincer derrière lui sur leur tringle, se retourna.

Sa femme était debout sur le seuil de

la porte qui conduisait du prétoire aux appartements intérieurs.

— Eh bien, Claudia, lui demanda-t-il, tout joyeux encore du moyen qu'il venait de trouver, es-tu contente ?

— Cela vaut mieux que de l'avoir condamné, répondit Claudia ; mais cela vaut moins que de l'avoir absous !

Cependant, on entraînait Jésus vers le palais des Hérodes.

En suivant la ligne droite, le chemin pouvait être accompli en dix minutes à peine : il ne s'agissait que de traverser la grande Place; de prendre une des rues qui y aboutissaient—en laissant, à droite, la prison et le palais de Justice; à gauche, la maison connue, depuis la parabole du Christ, sous le nom de la *Maison du mauvais Riche;*—et d'entrer au palais par la grille qui s'ouvrait à cent pas à peine au-dessous de cette maison, en face du mont Acra; mais le supplice eût été trop court, la torture trop tôt finie; Jésus fut entraîné par la seconde ville; on le fit passer devant le monument d'Alexandre Jannée, roi et pontife des Juifs; on le poussa de la seconde ville dans la troisième, qu'il parcourut depuis le mont Bezetha jusqu'à la hauteur des tours des Femmes; puis le cortége revint, après ce long circuit, traverser de nouveau la seconde ville, près du mausolée du pontife et roi Jean Hyrcan, regagna la ville inférieure, et entra enfin au palais par la grille donnant, ainsi que nous l'avons dit, sur le mont Acra.

Le palais des Hérodes était encore un

de ces monuments gigantesques comme en élevait l'antiquité. Bâti tout en marbres de différentes couleurs par ce même Hérode l'Ascalonite qui empoisonna sa femme Mariamne, tua ses deux fils, et ordonna le massacre des innocents, il était regardé comme imprenable, tant à cause du mur de trente coudées qui l'entourait, qu'en raison du voisinage des trois tours Hippicas, Mariamne et Phasaël, qui passaient pour les plus hautes de l'univers. Quant aux appartements, ils étaient si vastes, que la seule salle destinée aux festins pouvait contenir cent de ces lits sur lesquels les Romains se couchaient pour prendre leurs repas.

Hérode Antipas, tétrarque de Galilée, ne connaissait pas Jésus, et avait grande envie de le voir; aussitôt donc qu'il sut qu'on l'amenait devant lui par l'ordre de Ponce Pilate, il descendit dans la salle d'audience, et s'apprêta à le recevoir.

Jésus était déjà arrivé.

Son œil, fixe et sévère pour la première fois peut-être, s'arrêta sur le tétrarque : Jésus ne pouvait oublier qu'il avait devant lui le meurtrier de Jean Baptiste.

Cette expression de son regard donnait à Jésus une majesté qui fit qu'Hérode lui-même demeura un instant muet de surprise.

— Ah! ah! dit-il enfin avec un accent d'ironie, c'est donc toi, grand prophète?... Tu ne m'es pas inconnu, et le bruit de tes prodiges est venu jusqu'à moi. Par le salut de César! j'étais brouillé avec Pilate; mais te renvoyer à moi, voilà une condescendance qui me raccommode avec lui! — Voyons, jusqu'à présent, j'ai douté; mais, probablement, Dieu veut que je sois convaincu, et il t'adresse à moi pour que tu fasses sous mes yeux quelques-uns de ces miracles qui ne laissent pas de doute dans l'esprit des plus incrédules... Mets-toi donc à l'œuvre, Jésus; je regarde, j'attends.

Mais le Christ ne daigna point répondre; son regard demeurait fixé sur Hérode; seulement, il avait changé d'expression : de sévère, et nous dirons presque de menaçant, qu'il avait été d'abord, il était redevenu majestueux et tranquille.

Hérode sentit que, pour soutenir ce

regard sans se troubler, il avait besoin de l'excitation de sa propre parole.

Il reprit donc.

—Eh bien, tu restes immobile, au lieu d'agir! Qu'attends-tu donc, Messie?... Ah! tu cherches sans doute dans ton esprit, quel miracle peut le mieux me convaincre... Alors, je vais t'aider, car je veux t'admirer hautement, toi qui te dis plus vieux que Moïse, toi qui te dis antérieur à Abraham, toi qui te dis contemporain du monde! Eh bien, regarde: d'ici l'on voit la cime du mont Moriah, sur lequel est bâti le temple, dis au pinacle doré de ce temple : « Salue-moi, car je suis le fils de Dieu! » si le pinacle s'incline et te salue, non-seulement je t'absous, mais encore je te glorifie.

Jésus garda le silence.

Ah! continua Hérode, je te demande trop aussi! et je dois rentrer dans les miracles que tu as l'habitude de faire... Tu as ressuscité la fille de Jaïre; tu as ressuscité Lazare; eh bien, tournons-nous de l'est au midi, du temple vers le tombeau des rois. Dans ce tombeau dorment les restes du grand roi David; ce serait probablement une grande joie pour lui de revoir, après mille ans, un homme de sa race couronné comme lui. Eh bien, dis ces simples paroles : « David, mon aïeul, sors du tombeau, et apparais-nous! » Tu vois, je suis raisonnable dans mon désir : je ne te demande que ce que Saül a demandé à la pythonisse d'Endor à l'endroit de Samuel... Eh bien, tu hésites? tu refuses?

Jésus, en effet, ne répondait pas une

parole, ne faisait pas un mouvement.

— Ainsi, reprit Hérode, tu gardes le silence... Passons à autre chose, alors. — Puisque tu ne peux commander ni au temple, ni aux morts, commande aux eaux des fleuves et de la mer; les eaux ne te sont-elles pas soumises? ne dit-on pas que tu as marché sur les eaux du lac de Genesareth sans y enfoncer? Tiens, d'ici tu peux voir les étangs de mon jardin : les cygnes aussi marchent dessus sans enfoncer; eh bien, descends, marche sur l'un des trois étangs à ton choix; marche sans enfoncer, et, moi, — moi le premier, — au lieu de cette couronne d'épines qui t'ensanglante la tête, je mets sur ton front ma couronne de tétrarque de Galilée!

Cette troisième apostrophe n'eut pas

le pouvoir de tirer Jésus de son silence.

— Tu vois, s'écria Caïphe, qui, avec les principaux du conseil, avait suivi Jésus de chez Pilate chez Hérode, tu vois, tétrarque! Crois-tu, maintenant, aux miracles d'un homme qui refuse de faire un miracle par lequel non-seulement il sauverait sa vie, mais encore il deviendrait roi?

— Qu'a-t-il besoin de devenir roi, dit Hérode, puisqu'il l'est déjà? — N'es-tu pas roi des Juifs, en effet? Réponds, Jésus! n'es-tu pas entré dans Jérusalem comme un conquérant, avec les honneurs du triomphe, avec les palmes de la victoire?... La robe blanche du triomphateur à Jésus de Nazareth! passez-lui la robe blanche, et reconduisez-le à Pilate. Il a déjà le sceptre, il a déjà la couronne; il va avoir la robe blanche : il ne lui manquera plus que le manteau de pourpre... Pilate le lui donnera !

Et il fit un signe pour qu'on emmenât l'accusé.

Les gardes, qui n'attendaient que ce signe, se jetèrent sur Jésus, et l'entraînèrent.

CHAPITRE XVI.

D'HÉRODE A PILATE.

Pilate se croyait délivré de cette terrible responsabilité, d'avoir à condamner un innocent ou bien à absoudre un homme dont la mise en liberté pouvait faire éclater une émeute dans la ville, lorsque les cris, les vociférations et surtout le murmure puissant de cette foule qui gronde comme l'Océan, vinrent de nouveau ébranler les murs du prétoire et les puissantes assises de la citadelle Antonia.

Le procurateur était encore près de sa femme dans les appartements intérieurs, où il venait de faire avec elle le repas du matin; en entendant ce bruit, tous deux se levèrent en même temps, et coururent à la fenêtre qui donnait sur la place : alors, ils virent la foule qui ramenait Jésus avec un air de triomphe, en criant :

— Chez Pilate!... chez Pilate!...

Claudia pâlit.

— Réfléchis bien à ce que tu vas faire, dit-elle à son mari, et rappelle-toi ce que je t'ai dit.

— Tu as ma promesse, répondit Pilate : tant que cet homme ne sera pas accusé d'avoir porté atteinte au pouvoir de l'empereur Tibère, la vie de cet homme ne court aucun danger.

— Donne-moi un gage, dit Claudia.

— Voici mon anneau, dit Pilate.

— Va donc, et souviens-toi que Jésus est un juste !

Pilate rentra dans le prétoire et trouva un messager d'Hérode qui lui dit :

— Le tétrarque Hérode, mon maître, est satisfait de la déférence que tu lui as montrée en lui renvoyant le Galiléen. Il te déclare qu'il le regarde comme un fou, et non comme un criminel ; en conséquence, il te le renvoie à son tour, afin que tu agisses vis-à-vis de lui selon ton plaisir ou ta conscience... Il me charge, en outre, de te dire qu'il t'adresse ses compliments, et de t'annoncer que, si quelque nuage s'était élevé entre lui et toi, ce nuage est dissipé.

Derrière le messager d'Hérode entra Jésus, brutalement poussé par les soldats. En montant les escaliers, ses pieds s'étaient embarrassés dans sa robe trop longue; il était tombé : sa tête avait porté contre l'angle d'une marche, et le sang ruisselait sur son visage.

Pilate ne pût s'empêcher de murmurer :

— En vérité, cet homme est, non pas aux mains des prêtres, mais aux mains des bouchers, et les voilà qui commencent leur immolation avant le temps!

Puis, s'avançant sur le bord de la terrasse du haut de laquelle il avait plusieurs fois déjà adressé la parole au peuple :

— Que me voulez-vous encore, dit-il, en me ramenant cet homme? Vous me l'aviez livré comme faux prophète, blasphémateur, agitateur du peuple : je l'ai interrogé devant vous, et n'ai rien trouvé à redire, ni à sa doctrine ni à ses actions. Je l'ai, alors, renvoyé à Hérode, qui n'a rien trouvé non plus contre lui. Si, pour vous satisfaire, il faut absolument lui infliger une punition quelconque, je vais le faire fouetter, et le relâcher ensuite.

Mais cette peine, si douloureuse qu'elle fût, ne suffisait pas à la multitude : elle avait vu couler le sang, ce n'était point la flagellation qu'elle voulait, — c'était la mort!

Aussi s'écria-t-elle tout d'une voix :

— Non! non!... La mort! la mort!... Crucifiez Jésus! crucifiez-le!... A la croix! à la croix! au Golgotha!

Mais Pilate, sans s'inquiéter de ces cris, s'assit à une table, et, sur un papyrus, avec un roseau d'Égypte, écrivit, en langue latine, la sentence suivante :

Jesum Nazarenum, virum seditiosum, et mosaïcæ legis contemptorem, per pontifices et principes suæ gentis accusatum, expoliate, ligate et virgis cedite.

I, lictor, expedi virgas.*

Puis il remit l'ordre au licteur, qui s'élança rapidement hors du prétoire, montrant l'arrêt et appelant les exécuteurs.

La peine de la flagellation était, selon le texte de la loi, fixée à quarante coups moins un ; une espèce de grâce dérisoire

---

* « Dépouillez, liez et frappez de verges Jésus de Nazareth, homme séditieux, et contempteur de la loi de Moïse, accusé par les prêtres et les princes de sa nation.

« Va, licteur, expédie les verges. »

exemptait le coupable du dernier coup.

De ces trente-neuf coups, treize devaient être donnés sur l'épaule droite, treize sur l'épaule gauche, treize au-dessous des épaules.

La colonne où l'on attachait le condamné était isolée, haute de dix pieds, avec des anneaux qui permettaient d'attacher les bras à la hauteur de sept pieds; de sorte que toute la peau du corps se trouvait tendue, et, par conséquent, ne perdait rien de la force du coup.

On appelait cette colonne la *colonne aux outrages* ou la *colonne aux affronts*, parce que, pendant l'exécution, le peuple insultait et outrageait le condamné.

Les soldats emmenèrent Jésus; mais, loin de désarmer la multitude, ce jugement semblait l'irriter davantage ; en effet, ce n'était là ni ce que demandaient les prêtres, ni ce que voulaient les pharisiens : aussi, les uns par leurs paroles, les autres par leur argent, réchauffaient-ils la colère du peuple, chaque fois que cette colère paraissait près de faiblir.

Avant que Jésus eût traversé la foule, et fût arrivé à la colonne, les exécuteurs étaient déjà à leur poste : c'étaient six hommes petits et bruns, anciens malfaiteurs devenus bourreaux ; leur teint cuivré, leurs bras maigres mais nerveux indiquaient qu'ils étaient nés sur les frontières d'Égypte. Ils s'élancèrent sur Jésus lorsqu'il ne fut plus qu'à quelques pas de la colonne, l'arrachèrent des mains des soldats, déchirèrent les manches de sa robe et de sa tunique afin de mettre le dos à nu, et, lui appuyant le visage contre le marbre, ils lui lièrent les mains aux anneaux les plus élevés, de sorte que ses pieds ne touchaient la terre que de leurs orteils.

La flagellation commença avec des baguettes de coudrier réunies en faisceau, les quatre exécuteurs qui attendaient leur tour de frapper comptant lentement les coups.

Mais la plus grande partie du peuple continuait de crier :

— Crucifiez-le! crucifiez-le!

Le bruit était tel, que, pour se faire entendre, Pilate fut obligé d'appeler un clairon.

Le clairon sonna, et le silence se fit.

Pendant ce silence, on put entendre

trois choses douloureuses : le bruit des baguettes frappant sur le corps du condamné, les plaintes pleines de prières et de bénédictions qui tombaient des lèvres de Jésus, et les tristes bêlements des agneaux de Pâque, qu'on lavait à la piscine des brebis, et qui devaient être immolés dans la journée.

Ces bêlements avaient quelque chose de singulièrement touchant : c'étaient les seules voix qui se mêlassent aux gémissements de celui qui allait mourir pour les hommes.

Toutes les autres n'étaient que clameurs, cris, imprécations !

Les treize premiers coups donnés, deux autres bourreaux reprirent l'œuvre avec de nouvelles baguettes : celles-là étaient faites d'un bois plein de nœuds et d'épines; aussi, aux premiers coups qu'ils frappèrent, de la peau, marbrée de taches bleues et rouges, le sang commença-t-il à jaillir.

Le peuple, cependant, continuait de hurler au pied du prétoire, et, de temps en temps, on entendait la trompette qui commandait le silence; puis, à la suite de la trompette, ce triple bruit, si douloureux, des coups de verges, des soupirs de Jésus, et du bêlement des agneaux!

Mais, dès que Pilate voulait parler, les clameurs couvraient sa voix, et l'on n'entendait plus que ces mille cris de mort répétés avec acharnement:

— Crucifiez-le! crucifiez-le!

Après le vingt-sixième coup, les seconds bourreaux firent place aux derniers;

ceux-ci n'avaient plus ni baguettes de coudrier, ni baguettes d'épines : ils avaient des lanières toutes garnies de crochets de fer qui enlevaient la chair à chaque coup.

La trompette sonna une troisième fois; une troisième fois le silence se fit; la voix de Jésus était presque éteinte, et l'on entendait à peine ces paroles :

— Pardonnez-leur, mon père, car ils ne savent ce qu'ils font!...

Le trente-neuvième coup donné, on détacha Jésus : son corps n'était plus qu'une plaie; toute force l'avait abandonné, à ce point que, lorsqu'il ne fut plus soutenu par les bras, il s'affaissa sur lui-même, et tomba au pied de la colonne.

Alors, celui qui eût dû donner le quarantième coup, et qui ne l'avait pas donné, s'approchant de lui, et voyant qu'il avait la tête renversée en arrière :

— A un autre, dit-il, nous ferions tort du dernier coup ; mais, à toi Christ, à toi Messie, à toi fils de Dieu, il te faut la bonne mesure !

Et il le frappa de sa lanière à travers le visage !

Jésus tomba à la renverse presque évanoui.

Pendant ce temps, quelques femmes perdues sortirent de la foule, et les unes après les autres vinrent l'injurier et lui cracher au visage, échangeant des paroles obscènes avec les bourreaux, lesquels s'essuyaient le visage et les bras pour en effacer les gouttes de sang qui, sous leurs verges, avaient rejailli du corps divin jusqu'à eux.

Dans un coin de la place était un groupe auquel, par bonheur, nul ne faisait attention, tant chacun était occupé, les uns à regarder la flagellation, les autres à pousser des cris de mort; — ce groupe était celui des saintes femmes.

Là était Marie. Aux premiers coups, elle était tombée à genoux, puis la face contre terre; puis, enfin, elle s'était évanouie. — Au moment où il avait été conduit à la colonne, Jésus lui avait jeté un regard plein de tendresse; mais, malheureusement, par la façon dont il était attaché, le rédempteur ne pouvait tourner les yeux vers sa mère, et la soutenir de ses regards.

Madeleine s'inquiétant peu qu'on la reconnût pour la sœur de Lazare, et pour une femme de la suite du Christ, jetait des cris de douleur à chaque coup qui frappait Jésus, se roulant dans la poussière, et arrachant à pleines mains ses beaux cheveux dorés.

Marthe et Marie Cléophas pleuraient à genoux.

Jean essayait de soutenir la Vierge, tellement pâle, qu'on eût pu croire, sinon qu'elle était morte, au moins qu'elle allait mourir.

Sans doute, au milieu de ces clameurs, de ces imprécations, à travers cet air chargé de plaintes et de gémissements, un ange passa invisible, et vint murmurer à l'oreille de Jésus quelque divine parole ; car il se souleva, la tête inclinée, les deux mains appuyées sur la terre, puis il se dressa sur ses genoux avec peine; puis, enfin, aidé des soldats, il parvint à se mettre debout.

Il semblait, au reste, que Marie revint à la vie au fur et à mesure que son fils y revenait lui-même : chacun des mouvements que faisait Jésus, elle les faisait, et, lorsqu'il fut debout, elle aussi se retrouva sur ses pieds.

Alors, Jésus, de ses deux mains sanglantes, essuya ses yeux pleins de sang, et, à l'autre bout de la place, il put voir sa mère qui lui tendait les bras...

Pilate avait ordonné qu'après la flagellation, Jésus fût couvert d'un manteau rouge, et amené devant lui.

Espérait-il désarmer le peuple en jetant, par dérision, sur les épaules du

Christ la pourpre royale, ou bien voulait-il, à ses propres yeux, cacher le sang de sa victime?

Jésus fut donc conduit d'abord dans la cour du prétoire; là, on le fit entrer dans un corps de garde, et on le revêtit d'un vieux manteau de licteur; puis, par un escalier intérieur, on le fit monter sur le pont qui reliait le palais de Pilate à la citadelle Antonia.

Pilate y avait précédé Jésus; il fit sonner de la trompette, afin de commander le silence, et d'appeler tous les regards de son côté.

Alors, soutenu par deux soldats, parut Jésus pâle, livide, chancelant, le roseau à la main, la couronne d'épines sur la tête, le manteau rouge sur les épaules.

— *Ecce homo!* dit Pilate.

A cause du changement opéré dans son costume, beaucoup n'avaient pas reconnu Jésus ; mais à peine le peuple eut-il vu quel était l'*homme* qu'on lui montrait, que, comprenant l'intention de Pilate, il rugit dans un cri unanime ce vœu de mort :

— Crucifiez-le ! crucifiez le !

Alors, le grand prêtre fit signe qu'il voulait parler.

Sur une nouvelle fanfare, le silence s'établit.

Au milieu de ce silence, on entendit la voix de Caïphe qui disait :

— Prends garde, Pilate ! si tu délivres cet homme, tu n'es pas l'ami de César ; car il s'est nommé et déclaré roi, et quiconque se nomme et se déclare roi, se révolte contre César!

Pilate sentit le coup : accusé de révolte contre César, Jésus n'était plus un faux prophète, un blasphémateur, un magicien même : c'était un rebelle ; il ne s'agissait plus pour lui de verges : il s'agissait du gibet.

Une dénonciation à Tibère, et le soupçonneux empereur pouvait envelopper dans la même proscription le rebelle impuni et le juge trop indulgent!

Le procurateur résolut néanmoins de tenter encore un dernier moyen.

Il donna tout bas un ordre au centurion qui se trouvait près de lui ; le centurion descendit avec quatre soldats, et marcha droit vers la prison, située à quelques pas seulement du palais : il allait y chercher un misérable assassin condamné à mort, et qui n'attendait que l'heure de son exécution.

Cet assassin se nommait Bar Abbas, c'est-à-dire *fils d'Abbas.*

Quand il entendit des pas dans le corridor qui conduisait à son cachot, quand il entendit grincer les verrous de sa porte, il crut qu'on venait le chercher pour le crucifier, et, se faisant une arme de sa chaîne, il s'apprêta à se défendre.

A la lueur des torches, le centurion et ses quatre soldats aperçurent le condamné, retiré dans l'angle le plus profond de son cachot, ramassé sur lui-même, les yeux flamboyants, les dents serrées, les mains au-dessus de sa tête, et prêt à frapper de sa chaîne le premier qui s'avancerait.

Mais ces démonstrations hostiles effrayèrent médiocrement le centurion et ses quatre hommes : ils s'avancèrent contre le prisonnier en se cachant derrière leurs boucliers, qui amortirent les coups de la chaîne. D'ailleurs, avant que Bar Abbas eût pu redoubler, ils l'avaient saisi par cette chaîne même, et deux le traînaient en avant, tandis que deux autres le poussaient par derrière.

En sortant de la prison, Bar Abbas salua ce jour qu'il croyait être son dernier jour par d'horribles blasphèmes.

Toute cette foule qui attendait, il pensa que c'était pour lui qu'elle était venue ; ces cris : « Crucifiez-le ! crucifiez-le ! » il crut que c'était contre lui qu'ils étaient proférés.

Des hommes fatigués de porter une lourde croix se désaltéraient à la fontaine qui faisait face à la prison ; cette croix, il se figura que c'était la sienne.

Alors, il se jeta à terre, se roulant, hurlant, rugissant.

Les soldats appelèrent un renfort de quatre hommes ; on prit le misérable par les bras et par les jambes, et on le monta ainsi jusque sur le Xystus.

— Voici l'homme que demande ta grandeur, dit le centurion à Pilate.

— C'est bien, répondit le préteur ; qu'on le mette à côté de Jésus.

Les soldats déposèrent Bar Abbas près du Christ.

Un instant, le peuple put voir côte à côte l'homme du démon et l'homme de Dieu, l'un les yeux enflammés, la bouche tordue, les bras crispés, criant et blasphémant; l'autre doux, humble, résigné, priant et bénissant.

En les regardant tous deux, Pilate ne douta point que Jésus ne fût sauvé, et, faisant sonner de la trompette pour éteindre le bruit, qui avait redoublé depuis l'apparition de Bar Abbas :

— Juifs, dit-il, il est d'habitude que, le jour de Pâque, je vous délivre un condamné à mort... Choisissez entre ce scélérat, dont, il y a un mois, le nom seul vous faisait trembler, et ce prophète que, il y a huit jours, vous appeliez l'*oint du Seigneur*.

Bar Abbas pâlit, tant, au premier regard qu'il avait jeté sur Jésus, il lui paraissait impossible qu'on le préférât à cet homme.

Un tumulte immense s'éleva.

— Dites, continua Pilate, lequel de ces deux hommes vous paraît le plus digne de pitié, et lequel des deux doit recevoir grâce de la vie.

Alors, sans qu'une seule voix se fît entendre en faveur de Jésus :

— Bar Abbas ! répondit la foule, Bar Abbas !

Le meurtrier secoua joyeusement ses chaînes.

Tu l'entends, Pilate! tu l'entends!... Délivre-moi ! dit-il.

— A la croix, Jésus! à la croix! reprit la multitude.

— Oh! troupeau de tigres! cria Pilate; mais quand je vous dis, quand je vous répète que je l'ai interrogé, et que je l'ai trouvé innocent!

— Il a conspiré contre César! il a conspiré contre César!... Qu'on relâche Bar Abbas, et qu'on nous livre Jésus!... A la croix, Jésus! au Golgotha, Jésus!... Crucifiez-le! crucifiez-le!...

— Vous le voulez? dit Pilate; mais attendez, du moins...

Et il donna tout bas un ordre à l'un de ses esclaves.

— Qu'il meure! qu'il meure! continua de vociférer la foule.

— Il mourra, dit Pilate; mais, je vous en préviens, son sang retombera sur vous!

— Soit! que son sang retombe sur nous, sur nos enfants et sur les enfants de nos enfants, mais qu'il meure!...

En ce moment, l'esclave rentra portant, d'une main, un bassin de bronze, et, de l'autre, une aiguière pleine d'eau.

— Qu'il meure, dit Pilate, puisque vous voulez qu'il meure; mais je ne m'associe pas à votre forfait, et mes mains, du moins, resteront pures du sang de ce juste!

Et solennellement, devant le peuple assemblé, au milieu des rires, des huées, des imprécations de la foule, Pilate se lava les mains.

Mais, au fond du bassin de bronze, il trouva son anneau.

— Qu'est-ce que cet anneau? demanda-t-il.

— Je ne sais, dit l'esclave; la femme de ta grandeur, l'illustre Claudia, l'a tiré de son doigt, et l'a jeté dans le bassin en disant : « C'est le gage de Pilate que je lui renvoie, ne voulant pas qu'il se parjure ! » Et, toute éplorée, elle a abaissé son voile sur son visage, et est rentrée dans ses appartements.

Pilate poussa un profond soupir, et murmura :

— Elle a raison, cet homme est un juste!...

Cinq minutes après, les archers ôtaient les chaînes de Bar Abbas, qui, se sentant libre, s'élança hors du prétoire, et bondit au milieu de la foule, effrayée de son épouvantable joie, tandis que Pilate écrivait cette sentence :

« Conduisez au lieu ordinaire des exécutions Jésus de Nazareth, perturbateur de la société, contempteur de César, faux Messie, comme il est prouvé par le témoignage de la plus grande partie des gens de sa nation, et, en dérision de la majesté royale, crucifiez-le entre deux larrons.

« Va, licteur, expédie les croix*. »

* Voici le texte latin de la sentence tel que la tradition le conserve à Jérusalem :

Jesum Nazarenum, subversorem gentis, comtemptorem Cæsari, falsum Messiam, ut majorum suæ gentis testimonio probatum est, ducite ad communis supplicii locum, et eum in ludibriis regiæ majestatis, in medio duorum latronum cruci affigite.

I, lictor, expedi cruces.

CHAPITRE XVII.

LA MALÉDICTION.

La sentence écrite et signée, Pilate rentra chez lui.

Le préteur se sentait mal à l'aise avec sa conscience; il était sombre dans son cœur, et avait besoin d'être seul.

Claudia ne demandait pas à le voir : elle comprenait que sa présence serait un reproche pour son mari; elle s'était retirée au fond de son appartement; et avait fait fermer les volets extérieurs et intérieurs, afin d'empêcher, s'il était possible, le jour et le bruit d'arriver jusqu'à elle.

Cependant, on conduisait Jésus sur le forum. La croix, faite d'avance, apportée d'avance, l'y attendait.

Il y arriva en même temps que les deux voleurs Gestas et Dimas, qui devaient être crucifiés avec lui, et qu'on extrayait de la prison,

Leur supplice était avancé de deux jours. — L'un blasphémait ; l'autre priait.

Mais à peine remarqua-t-on ces deux hommes, tant Jésus absorbait l'attention de tous.

Lorsqu'il parut entre les archers, au sommet de l'escalier du prétoire, les ouvriers qui avaient apporté la croix se hâtèrent de la traîner au bas de cet escalier.

En arrivant auprès de la croix, Jésus se mit à genoux, et baisa trois fois l'instrument de son supplice, dont il allait faire le symbole de la rédemption.

De même que les prêtres païens avaient l'habitude d'embrasser l'autel nouveau qu'ils consacraient, de même Jésus embrassait cet éternel autel du sacrifice expiatoire.

Alors, les soldats s'avancèrent, et, à grand'peine, lui-chargèrent l'énorme fardeau sur l'épaule droite, en même temps que, sur les épaules des deux larrons, on ne chargeait que la pièce transversale de leurs croix, à laquelle, comme à un joug, on leur attachait les deux mains. — L'arbre de ces deux dernières croix était porté par des esclaves.

Vingt-huit hommes à cheval destinés à accompagner les condamnés étaient rangés au pied de la citadelle Antonia.

Lorsque la croix fut chargée sur les épaules de Jésus, la trompette sonna, et deux soldats, le prenant par-dessous les bras, l'aidèrent à se relever.

Le chef de cette petite troupe de cavaliers prit, avec quatre hommes, la tête du cortége, et cria :

— En avant !

Ce chef, c'était Longin.

A l'instant même, avec de grands cris de joie, toute cette masse s'ébranla. Jusque-là, le condamné n'avait subi que la torture préparatoire : le supplice allait commencer.

Derrière Longin et ses quatre cavaliers, venait un sonneur de trompe; il devait s'arrêter à chaque angle de rue, à chaque centre de carrefour, sonner de sa trompe, et lire à haute voix l'arrêt rendu par le procurateur.

Puis arrivait une troupe de soldats à pied, armés de cuirasses, de boucliers et d'épées ; cette troupe était suivie d'un jeune homme marchant au milieu d'un intervalle vide, et portant, peinte sur un morceau de bois blanc, cette inscription en samaritain, en grec et en latin :

JÉSUS DE NAZARETH, ROI DES JUIFS.

Derrière le jeune homme, venait Jésus ; — autour de Jésus et derrière Jésus, d'autres soldats, et, enfin, la foule, foule immense, incalculable, inouïe !

Comme il eût été impossible au divin martyr de traîner sa croix, si l'extrémité en eût touché le pavé raboteux de Jérusalem, cette extrémité était soulevée à l'aide de deux cordes par des hommes portant, dans des paniers, des marteaux, des tenailles et des clous.

Un de ces paniers, plein d'instruments de supplice, était porté par un bel enfant aux longs cheveux, aux joues roses, aux blanches dents, qui jouait, en riant, avec tous ces objets infâmes !

De sa main droite, Jésus essayait, en la soulevant, de diminuer le poids écrasant de sa croix ; de la main gauche, il relevait sa robe trop longue, dans laquelle ses pieds s'embarrassaient.

Ses pieds nus étaient sanglants ; son corps meurtri était sanglant ; son visage déchiré était sanglant, et, sous le sang de son visage, la pâleur de ses joues paraissait plus grande encore.

Depuis la veille, c'est-à-dire depuis la cène, Jésus n'avait ni bu, ni mangé, ni dormi ; il était épuisé par la perte du sang, brûlé par la fièvre, dévoré par la soif.

Il prit la route qui reçut, de ce douloureux et suprême voyage, le nom de *Chemin de la Croix*. — Depuis, les pas qu'il avait à faire, et qu'il fit, ont été scrupuleusement et religieusement comptés par les pèlerins : il y avait, du palais de Pilate à l'endroit où la croix fut enfoncée dans le rocher, mille trois cent vingt et un pas, ou trois mille trois cent trois pieds.

Au bout de quatre-vingts pas, les forces manquèrent à Jésus, et il tomba pour la première fois.

Il y eut, alors, un instant de trouble dans le cortége; au lieu d'aider Jésus, en le soutenant par la main qu'il leur tendait, les bourreaux le frappaient avec des cordes, et les soldats le piquaient de la pointe de leurs lances.

Sans doute, le même ange qui avait déjà assisté Jésus vint encore à son aide, et prit cette main que les hommes refusaient de toucher; car, sans aucun secours apparent, il se releva.

Seulement, sa tête avait porté contre une pierre, et, de ce côté, la couronne d'épines avait, par la violence du choc, été profondément clouée à sa tête.

Et la foule criait sur une espèce de rhythme qui faisait ressembler ses cris à un chant :

— Salut à Jésus de Nazareth, roi des Juifs !... Pourquoi donc vas-tu ainsi au Calvaire avec tout ton cortége?... Ah! oui, c'est pour regarder toute la Palestine du haut de ton trône ; c'est pour avoir sous tes pieds cette Jérusalem dont tu as prédit la destruction... Dis-nous, quand cela arrivera-t-il, que, du temple, il ne restera plus pierre sur pierre? dis-nous, quand cela arrivera-t-il, que les lézards et les couleuvres ramperont à travers les marches de nos escaliers? dis-nous, quand cela arrivera-t-il, que les ronces et les épines croîtront sur les sommets écroulés de nos tours? Dis-nous cela, Jésus le prophète! dis-nous cela, oint du Seigneur! dis-nous cela, divin messie!

Et les éclats de rire de la foule qui venait, couvraient la voix de la foule qui était passée, comme, sur le rivage où elle se brise, le grondement d'une seconde vague couvre le grondement de la première.

Soixante pas plus loin, — toutes ces distances ont été calculées depuis, nous l'avons dit, — soixante pas plus loin, la Vierge attendait le passage de Jésus. Après la flagellation, elle avait quitté le forum, où sa vue avait soulevé une sombre émotion, et elle avait prié Jean de la conduire sur la route que son fils devait parcourir pour se rendre au Calvaire.

Là, elle attendait.

Aux cris de cette foule, au bruit de cette mer humaine montant et hurlant comme une marée; à l'aspect des premiers soldats, derrière lesquels elle commençait à entrevoir son fils, marchant courbé sous le poids de sa croix, un tremblement suprême s'empara d'elle, et elle ne put retenir ses gémissements.

Des hommes qui couraient sur les flancs du cortége entendirent cette douloureuse plainte, et s'arrêtèrent pour regarder celle qui pleurait ainsi.

— Quelle est cette femme qui se lamente? demanda l'un d'eux.

— Eh! dit un autre, ne la reconnais-tu pas? C'est la mère du Galiléen!

Alors, celui qui avait parlé le premier fouilla, de la main droite, dans un tablier de cuir dont, en le relevant de la main gauche, il avait fait une vaste poche, et, en tirant une poignée de clous :

— Tiens, dit-il à la Vierge, ceci est à l'intention de ton fils!

La Vierge, pour ne pas tomber, fut forcée de s'appuyer à la muraille. En ce moment, Longin et ses quatre cavaliers passaient devant elle ; puis venait le sonneur de trompe, et, comme on se trouvait à l'angle d'une rue, il sonna, et lut l'arrêt; puis il continua son chemin. Derrière lui, venait le groupe de soldats; derrière le groupe de soldats, le jeune homme qui portait l'écriteau ; enfin, derrière le jeune homme qui portait l'écriteau, Jésus.

Jésus tourna la tête du côté de sa mère, et, comme il voulait lui tendre les

bras, ses pieds s'engagèrent dans sa robe:
il chancela, et tomba, pour la seconde
fois, sur les genoux et sur les mains.

Alors, la Vierge ne put résister à cet
amour profond qui la poussait en avant :
elle écarta peuple, soldats, bourreaux,
et apparut aux premiers rangs de l'immense haie criant :

— Mon fils! mon fils!

— Salut, ma mère! répondit Jésus.

Et, comme l'ange du Seigneur continuait de le suivre pour lui rendre des
forces quand les forces l'abandonnaient,
Jésus se releva. On repoussa la Vierge
en l'insultant, mais sans la maltraiter,
et, reculant toujours, la tête renversée
en arrière, elle alla tomber entre les
bras de Jean et de Madeleine.

Sans s'inquiéter d'elle, le cortége

reprit sa marche, et la foule criait :
— Bar Abbas! où est Bar Abbas?...
Pourquoi a-t-on laissé fuir Bar Abbas?...
C'était à lui qu'il fallait donner une
trompe; c'était lui qu'il fallait envoyer à
tous les angles de rue, dans tous les carrefours, aux quatre coins des murailles...
Il eût crié aux esclaves, aux raccommodeurs de filet, aux tourneurs de
meule, aux larrons, aux meurtriers :
« Écoutez! écoutez la grande nouvelle!
Jésus de Nazareth, votre roi, vous attend sur son trône du Golgotha. Venez
du dehors et du dedans! venez tous!
accourez tous!... » Vive Bar Abbas!

De loin, en face de cette maison de
Seraphin où Jean avait été chercher le
calice, et où Jésus, enfant, avait été recueilli pendant les trois jours que ses

parents le crurent perdu, le Christ apercevait un homme dont la tête dépassait toutes les têtes. Cet homme, afin de mieux voir le cortége, était monté sur le banc de pierre qui, s'élevant près du seuil de sa porte, s'étendait le long de sa croisée; il avait, à sa droite, sa femme, contre laquelle, en se haussant sur la pointe des pieds, s'appuyait une belle jeune fille de quinze ans, et il maintenait, à sa gauche, un petit garçon de huit à neuf ans debout sur le rebord de la fenêtre. Une vigne aux bourgeons déjà verts courait palissadée sur la façade de la maison, que, dans les beaux jours du printemps, de l'été et de l'automne, elle devait couvrir de son rideau de feuillage, couleur d'émeraude pendant ces deux premières saisons, couleur de rubis pendant la dernière.

L'homme dont nous parlons semblait attendre l'arrivée de Jésus avec une sombre impatience, battant des mains à la foule, et criant avec elle : « Venez du dedans et du dehors, meurtriers, larrons, tourneurs de meule, raccommodeurs de filets, esclaves, venez tous! accourez tous! Votre roi vous attend sur son trône du Golgotha! »

Puis, comme Jésus commençait à approcher :

— Oh! oh! disait-il à sa femme, vois-tu cette auréole qui brille autour de la tête du magicien? Ne jurerait-on pas que c'est l'auréole d'un vrai prophète?

Et la femme répondait :

— J'ai beau regarder, Isaac, je ne la vois pas.

—C'est possible; mais je la vois, moi, je la vois... Elle semble formée des plus purs rayons du soleil : c'est encore là un de ses enchantements!

Jésus approchait toujours.

—Ah! reprenait l'homme, c'est maintenant que je voudrais tenir entre mes mains l'aigle césarienne; nous verrions si tu serais toujours assez puissant pour te faire saluer par elle comme un empereur, toi qui chancelles! toi qui plies! toi qui vas tomber sous ta croix!

Et, en effet, Jésus pliait, chancelait et semblait près de tomber encore sous le lourd fardeau.

Aussi, dès qu'il aperçut le banc de pierre, se détourna-t-il de la ligne droite, et fit-il un pas vers celui qui était monté dessus.

— Isaac Laquedem, dit Jésus, est-ce toi ?

— Oui, répondit Isaac ; que me veux-tu, magicien ?

— J'ai soif... donne-moi un peu d'eau de ton puits.

— Mon puits est tari.

— Je suis las, Isaac : aide-moi à porter ma croix, continua Jésus.

— Je ne suis pas ton porte-croix... Tu te dis fils de Dieu ; appelle un des anges de ton père : il t'aidera !

— Isaac, il m'est impossible d'aller plus loin... Laisse-moi me reposer quelques minutes sur ton banc.

— Il n'y a, sur mon banc, place que pour moi, ma femme et mes enfants... Marche !

—Laisse-moi m'asseoir sur ton seuil : il est vide.

—Mon seuil n'est pas fait pour les magiciens, les faux prophètes et les blasphémateurs... Marche!

— Étends la main, et prends un des escabeaux de ta boutique.

—Non; car, après que tu t'y serais assis, je serais obligé de le brûler... Marche!

— Isaac! Isaac! cet escabeau serait pour toi un trône d'or dans le royaume de mon père!

Et Jésus, suppliant, fit un pas vers le Juif.

— Arrière! arrière! cria celui-ci; ne vois-tu pas ma vigne qui sèche à ton approche?... Arrière! ne vois tu pas ma maison qui tremble, rien que parce que tu demandes à t'appuyer contre elle?... Arrière! ton chemin est devant toi : suis ton chemin !

Et, s'élançant de son banc, et le repoussant avec tant de brutalité, que, pour la troisième fois, Jésus chancela et tomba sous sa croix :

Marche! marche! marche! dit-il.

Mais, alors, Jésus, se relevant sur un genou :

— Malheureux! j'ai voulu obstinément te sauver; mais, toi, obstinément, tu as voulu te perdre... MARCHE! as-tu dit? Malédiction sur toi pour avoir prononcé ce mot!... Moi, j'ai encore quelques pas à faire en portant mon fardeau, et tout sera fini; mais, le fardeau que j'aurai laissé, c'est toi qui le reprendras! D'autres hériteront de ma parole, de mon corps, de mon sang, de mon esprit : toi, tu hériteras de ma douleur; seulement, pour toi, cette douleur n'aura de fin que celle des temps!... Tu m'as dit : MARCHE! malheureux! c'est toi qui marcheras jusqu'au jour du jugement dernier! Va préparer tes sandales et ton bâton de voyage... De ceinture, pas n'est besoin, car le désespoir serrera tes flancs et ceindra tes reins : tu seras le JUIF-ERRANT; tu seras le voyageur des siècles; tu seras l'homme immortel! J'ai soif, et tu m'as refusé à boire : tu videras la lie que j'aurai laissée dans mon calice; le fardeau de ma croix écrasait mes épaules, et tu as refusé de le partager : nul ne t'aidera à porter le fardeau de ta vie; j'étais fatigué, et tu m'as refusé ton banc, ton seuil, ton escabeau pour m'asseoir : je te refuse, moi, une tombe pour dormir!

Oh! balbutia Isaac en essayant de rire, quoique ses dents se choquassent les unes contre les autres, quoique la sueur de l'agonie coulât glacée sur son front, quoique ses genoux fussent plus tremblants et plus brisés que ceux de Jésus lui-même, — tu me laisseras bien aujourd'hui encore dîner avec ma femme et mes enfants, n'est-ce pas?

Oui, dit Jésus, et je ne fais pour toi que ce que l'on fait pour le condamné, à qui ses juges accordent le repas libre... oui, tu dîneras avec eux; mais, ce soir même, tu te mettras en chemin pour ton voyage éternel; et, à force de te voir, venir passer et repasser, depuis l'homme jusqu'au rocher, toute la création te connaîtra. A ton aspect, l'aigle qui planera dans les airs s'arrêtera au bord de la nue, et il te dira : « Marche, maudit! » le vautour sortira son cou fauve de son nid, et, te regardant avec ses yeux sanglants te dira : « Marche, maudit! » le serpent sortira sa tête plate de son trou, et, en agitant son triple dard, te dira : « Marche, maudit! » Tu verras pâlir et s'éteindre l'étoile qui, durant mille ans, aura, dans le silence de la nuit, entendu tes larmes tomber une à une dans l'abîme de l'éternité, et, en mourant, l'étoile te dira : « Marche, maudit! » tu verras le fleuve se tordre à travers les plaines, les forêts, les prairies; tu suivras son cours immense, allant comme lui sans te reposer jamais, et, en se perdant au sein de l'Océan, qui l'arrêtera, lui, et qui ne t'arrêtera point, il te dira : « Marche, maudit ! » tu reviendras vers des villes que tu avais laissées florissantes, qui, florissantes, t'avaient repoussé, et quand tu reviendras, ces villes ne seront plus que des ruines, et le spectre de ces villes mortes se lèvera, ramassera une pierre de ces ruines, et te la jettera en disant : « Marche, maudit ! » Et tu marcheras ainsi, je te le répète, ne t'arrêtant que pour accomplir contre moi ou pour moi l'œuvre de la destinée, jusqu'au jour où je reviendrai sur la terre !

Et Jésus, épuisé, retomba sous le poids de sa croix.

Alors, de la maison opposée à celle du Juif sortit une femme qui, voyant le visage de Jésus couvert de larmes, de sang et de poussière, lui tendit des deux mains une blanche nappe d'autel en lui disant :

— Mon doux seigneur Jésus, faites-moi la grâce de vous essuyer le visage avec ce fin suaire ; il sort des mains du tisserand, a été blanchi par la rosée du matin sur l'herbe des prairies et n'a encore été souillé par aucun attouchement.

Alors, Jésus répondit :

— Merci, bonne Seraphia, ton offre est la bienvenue, car tu vois ce que je souffre... Seulement, essuie-moi toi-même le visage : je ne puis lever mes mains de la terre...

Et la sainte femme appuya doucement le linge sur la face de Jésus, essuyant les larmes, essuyant le sang, essuyant la poussière.

— Bien, dit Jésus; et, maintenant, regarde ton suaire, Seraphia.

Seraphia regarda son suaire et jeta un cri.

La face de Jésus s'y était imprimée et y éclatait d'une façon indélébile; seulement, du milieu de cette couronne d'épines qui ensanglantait le front du Christ, jaillissaient des rayons de lumtère, symbole de sa divinité.

Chacun eut le temps de voir la miraculeuse empreinte, car Seraphia resta un moment les deux bras étendus de toute la largeur du suaire, ne pouvant croire à une pareille faveur.

— A partir de ce moment, lui dit Jésus, quitte ton nom de Seraphia, et appelle-toi Véronique*.

— Je ferai ainsi qu'il m'est ordonné par mon seigneur et maître, dit Seraphia en tombant à genoux.

Et, tout à l'entour de Jésus, ceux qui avaient entendu la malédiction murmuraient d'épouvante.

Longin disait :

— Pourquoi donc, pendant tout le temps que le condamné parlait, mon cheval pleurait-il?

Un soldat à pied disait :

— Pourquoi donc, pendant tout le temps que le condamné parlait, mon épée gémissait-elle dans le fourreau?

* *Vera icon*, véritable image.

Un porte-lance disait.

— Pourquoi donc, pendant tout le temps que le condamné parlait, ma lance tremblait-elle dans ma main?

Et ceux qui avaient vu le miracle, étaient plus épouvantés encore.

Un homme secouait la tête et disait :

— Je n'ai jamais connu la peur; mais voilà que mon cœur bondit dans ma poitrine comme un faon de biche effarouché !... Ouvre la porte, ma femme, que je rentre pour ne plus sortir de cette journée.

Une femme secouait la tête, et disait :

— Si, cependant, c'était un Dieu; si c'était le Dieu inconnu que l'univers attend, à ce que l'on dit... Oh! moi qui l'ai insulté, hué, battu !... Ma mère, ouvre-moi la porte, afin que je rentre

cacher mon visage dans ton sein...
Peut-être ne m'a-t-il pas vue, et passera-t-il devant moi sans me connaître, au jour du jugement dernier.

L'enfant qui portait un panier à son bras, et des clous dans sa petite main, secouait la tête, et disait :

— Pourquoi ces clous me brûlent-ils ainsi, et pourquoi ne puis-je les lâcher ?... Mon père, ouvre-moi la porte, et arrache de ma main ces clous qui me brûlent !

Et l'homme se tirait de la foule, et fuyait.

Et la femme se tirait de la foule, et fuyait.

Et l'enfant se tirait de la foule, et fuyait.

Le cortége reprit sa marche, et le reste

du peuple qui n'avait rien vu ni rien entendu, — multitude aveugle et insensée, — continuant ses cris et ses chants, disait :

— Prends ton aiguière d'argent et ton bassin de bronze, Pilate, vertueux Pilate ! et lave tes mains au nom de Rome !... Ah ! tu ne nous avais pas encore dit cela, que Rome fût une vierge si innocente, qu'elle n'osât pas porter à son doigt une bague de sang... Lave tes mains, Pilate ! peu nous importe, à nous ! Nous avons, — outre toi, procurateur de César ; outre Hérode, tétrarque de Galilée, — nous avons notre souverain, Jésus de Nazareth, roi des Juifs ! et, si quelqu'un en doute, qu'il lise cet écriteau écrit en trois langues... Viens, mon beau roi, viens au Calvaire avec tes deux larrons, qui te servent, l'un d'échanson, l'autre de porte-queue; viens au Calvaire, et, demain, l'aigle du Carmel descendra de son rocher pour prendre ta couronne d'épines sur ta tête, et, la tenant dans sa serre, il volera d'orient en occident, du midi au septentrion, en criant : « Terre, regarde-moi passer; je porte aux limites du monde la couronne de Jésus le Nazaréen ! »

Et les éclats de rire de la foule qui venait, couvraient la voix de la foule qui était passée, comme, sur le rivage où elle se brise, le grondement d'une seconde vague couvre le grondement de la première.

Et la multitude s'écoula ainsi, pareille à un fleuve qui se jetterait tout entier dans la mer, laissant son lit vide et desséché...

Isaac Laquedem, seul, était resté debout, immobile, muet et, pour ainsi dire, pétrifié, à la place même où l'avait atteint la malédiction de Jésus.

Cependant, comme le bruit, les cris, les rires, les imprécations et les blasphèmes se perdaient du côté de la porte Judiciaire, le maudit parut reprendre peu à peu ses sens : il regarda de tous côtés, se vit seul, frappa son front de ses deux mains, et s'élança dans sa maison, dont il referma au verrou la porte derrière lui.

CHAPITRE XVIII.

LE GOLGOTHA.

Pendant ce temps, Jésus était arrivé au pied du mont Calvaire.

Un peu au-dessous de l'endroit où il avait maudit Isaac, et empreint son visage sur le suaire de Seraphia, se trouvait un carrefour où aboutissaient trois rues ; là, Jésus trébucha contre une pierre, et tomba ; sa croix roula à quelques pas de lui.

Des gens qui se rendaient au temple eurent compassion, et dirent tout haut :

— Mais ne voyez-vous pas que le pauvre homme se meurt ?

Alors, quelques pharisiens qui voulaient jouir du supplice jusqu'au bout crièrent aux soldats :

— Ces gens ont raison, et nous ne l'amènerons jamais vivant au sommet du Golgotha, si vous ne trouvez pas quelqu'un qui l'aide à porter sa croix.

Les soldats regardèrent autour d'eux, et, — comme la plupart, quoiqu'ils fussent au service de l'empereur Tibère, étaient Juifs, — ayant distingué dans la foule un homme suivi de ses trois enfants, lequel était païen et adorateur de Jupiter, ils s'emparèrent de lui, et le conduisirent jusqu'à Jésus.

Cet homme se nommait Simon; il était natif de Cyrène, et jardinier de son état. Les soldats lui arrachèrent une espèce de fagot de petit bois qu'il tenait sous son bras, et le forcèrent de porter sur son épaule une des extrémités de la croix.

Simon avait bonne envie de résister; mais il n'y avait pas moyen : les soldats le menaçaient, les uns du pommeau de leurs épées, les autres du bois de leurs piques. Il se mit donc en chemin, marchant derrière Jésus, et ses trois enfants le suivirent en pleurant; — car ils n'avaient pas compris ce que l'on voulait de leur père, et ils craignaient qu'on ne l'emmenât pour le crucifier lui-même.

Des femmes qui étaient mêlées au cortége les rassurèrent et les prirent par la main; deux étaient déjà grands, c'est-à-dire âgés de dix à douze ans; le troisième avait six ans à peine.

D'abord, Simon avait rempli son office avec beaucoup de répugnance; mais, en se relevant, Jésus lui avait jeté un regard si reconnaissant, il lui avait adressé quelques paroles avec un accent si doux, que Simon le Cyrénéen commença à comprendre vaguement qu'il aurait à retirer peut-être, un jour, plus de joie que de honte de ce bienheureux hasard qui lui avait fait rencontrer Jésus.

Après avoir passé sous la voûte de la porte Judiciaire, après avoir franchi le pont jeté sur la vallée des Cadavres, après avoir laissé à sa gauche le tombeau du prophète Ananie, Jésus se trouva en face d'un groupe de femmes et de filles de Jérusalem.

En ce moment, il faillit s'évanouir.

Mais Simon le Cyrénéen, posant le bout de la croix à terre, courut au Christ, et le soutint.

Ces femmes, qui attendaient là Jésus, étaient de celles qui avaient écouté ses prédications ; quelques-unes même étaient liées avec Jeanne Chusa et Marie, mère de Marc; elles venaient donc plutôt pour le plaindre que pour l'insulter. Aussi, quand elles le virent si pâle, si défait, si meurtri, elles poussèrent des cris de douleur, et tendirent vers lui leurs voiles pour qu'il s'en essuyât le visage.

Mais, lui, se tournant de leur côté :

— Filles de Sion, dit-il, ne pleurez pas sur moi ; mais pleurez sur vous-mêmes et sur vos enfants, car il viendra un temps où l'on dira : « Heureuses les femmes qui n'ont pas été mères ! heureuses les entrailles qui sont restées stériles ! heureux les seins qui n'ont pas allaité ! » et alors, je vous le dis, la désolation sera telle dans Jérusalem, que ses habitants fuiront hors de ses murailles, et crieront éperdus : « Tombez sur nous, montagnes ! collines, couvrez-nous ! terre, ouvre-toi ! »

Les femmes tentèrent d'arriver jusqu'à Jésus ; une d'elles portait, dans une espèce de calice d'argent, du vin aromatisé qu'elle avait préparé dans l'espoir qu'elle approcherait assez près de Jésus pour le lui offrir ; mais les soldats les repoussèrent violemment, et le vin tomba répandu à terre.

On se remit en marche. Un chemin rocailleux et plein de détours conduisait au haut du Calvaire; Jésus gravit péniblement ce sentier; enfin, après un quart d'heure à peu près employé à faire cent soixante pas, il tomba pour la cinquième fois.

Jésus était presque au but; aussi on le déchargea de sa croix, et l'on renvoya Simon; — Simon voulait rester, tant il s'était pris d'une tendre pitié pour Jésus; mais les soldats ne le permirent point, et, n'ayant plus besoin de lui, ils le chassèrent.

Jésus le consola et le récompensa d'un mot :

— Soyez tranquille, Simon, dit-il,

nous nous retrouverons dans le royaume de mon père !

Toute la montagne était entourée de soldats qui stationnaient depuis deux heures au lieu de l'exécution ; car Caïphe ne pouvait croire que les apôtres et les disciples de Jésus ne tentassent point quelque coup de main pour délivrer leur maître.

Ces soldats étaient commandés par le centurion Aben Adar.

Ce qui expliquait surtout ce déploiement de forces, c'est qu'on disait que Judas, comme l'apôtre Simon, appartenait à la secte des zélateurs, c'est-à-dire à cette confrérie de patriotes qui avaient juré de délivrer la Judée à quelque prix que ce fût, et que c'était, non point par cupidité, non point par envie, mais pour pousser son maître à quelque résolution politique, qu'il l'avait dénoncé et livré aux prêtres.

Caïphe avait donc demandé ce renfort à Pilate, qui, de son côté, avait donné ordre que de nombreuses patrouilles parcourussent Jérusalem, et particulièrement le quartier de Bezetha et le faubourg d'Ophel, où se trouvait grand nombre de partisans de Jésus.

Hélas! si Pilate eût vu Jésus, Jésus debout près de sa croix, chancelant à chaque minute, aussi facile à courber au souffle de la douleur qu'un roseau au souffle du vent, il eût commencé de croire à ce que Jésus lui avait dit : « Mon royaume n'est pas de ce monde! »

Il s'agissait de préparer la croix, dont tous les morceaux n'étaient pas assemblés ; aussi le divin condamné dut-il se coucher sur l'instrument de son supplice, pour que ses bourreaux y prissent la mesure de ses membres ; puis la mesure prise, on le repoussa du pied.

Alors, comme il pouvait à peine marcher, deux soldats le saisirent par-dessous les bras, le relevèrent d'une seule secousse, et le conduisirent à vingt pas de là.

C'était l'endroit où il devait être dépouillé de ses vêtements, et cloué sur la croix.

A cet endroit, en effet, les bourreaux faisaient leurs derniers préparatifs. Là, c'est-à-dire au point culminant du rocher du Calvaire, devaient être élevées les troix croix, et, par conséquent, on y creusait trois fosses ; — tandis que, comme nous l'avons dit, à vingt pas au-dessous, on affermissait le croisillon à l'arbre de la croix, on clouait le morceau de bois destiné à supporter les pieds, on perçait des trous pour fixer l'inscription, et l'on faisait quelques entailles pour les parties saillantes du corps ; — car il fallait que le corps fût soutenu : s'il eût été suspendu, et que tout le poids eût porté sur les mains, les mains d'ailleurs si délicates de Jésus se fussent infailliblement déchirées.

Il y avait, en tout, dix-huit soldats, dix-huit archers, dix-huit bourreaux sur la plate-forme ; ils étaient occupés, les uns autour des deux larrons, les autres autour de la croix du Christ, ou autour du Christ lui-même ; leur teint brun, leurs figures étrangères, leurs dents blanches, leurs cheveux crépus comme ceux des nègres leur donnaient l'apparence d'autant de démons s'occupant de quelque œuvre infernale.

Le dépouillement commença.

D'abord, on ôta à Jésus son manteau rouge, puis cette ceinture doublée de pointes de clous qui lui ceignait les flancs, et dont les deux bretelles, croisées sur sa poitrine, lui avaient profondément sillonné le sein ; ensuite, on lui enleva la robe de laine blanche dont Hérode l'avait fait revêtir. Venait, alors, la tunique rouge, cette tunique qui, disait-on, avait été tissée par sa mère, faite pour l'enfant, et qui, toujours neuve, toujours pure, avait grandi avec l'adolescent et avec l'homme ; tunique sans couture, miraculeuse comme tout ce qui se rapportait à cet homme de miracles. La tunique fut ôtée avec précaution, car les soldats espéraient bien la vendre, et, pour ne point la partager comme les autres vêtements, il était déjà convenu entre eux qu'ils la joueraient aux dés.

Restait la dernière tunique de lin; mais celle-là était adhérente à la peau, à cause du nombre infini de blessures qui couvraient le corps du Christ; de larges taches de sang la diapraient sur toute la surface de la poitrine et du dos, et en avaient complétement changé la couleur primitive. En humectant cette tunique d'eau fraîche, on eût pu adoucir les douleurs qui devaient naturellement accompagner son extraction; mais les bourreaux ne jugèrent pas utile d'user de tant de précautions vis-à-vis du patient. comme ils avaient déjà fendu les manches lors de la flagellation, ils arrachèrent violemment, l'un la partie qui couvrait la poitrine, l'autre celle qui couvrait le dos. Jésus poussa un faible gémissement auquel répondirent les trompettes du temple, qui annonçaient l'immolation de l'agneau pascal; toutes ses plaies s'étaient rouvertes à la fois; il tomba assis sur une pierre en demandant un peu d'eau : les archers, alors, lui présentèrent un verre qui contenait un mélange égal de vin, de myrrhe et de fiel, comme on en donnait aux condamnés pour affaiblir en eux l'impression des tourments; mais Jésus, ayant goûté à ce breuvage, détourna ses lèvres, et refusa de boire.

La croix était prête; on la traîna jusqu'à l'endroit où elle devait être élevée; on plaça son pied près du trou préparé d'avance pour sa plantation; puis, deux des bourreaux saisirent Jésus afin de procéder au crucifiement.

C'était le moment où les criminels vulgaires essayaient de résister, se raidissant contre les exécuteurs, blasphémant et hurlant; Jésus murmura la prophétie d'Isaïe : « Il a été mis au nombre des scélérats ! » et, s'avançant vers la croix, — d'un pas faible, il est vrai, mais parce que les forces commençaient à lui manquer, — il se coucha de lui-même, humblement et sans résistance, sur l'arbre infâme dont son sang allait faire l'arbre du salut.

Alors, les bourreaux lui prirent le bras

droit, et le lièrent sur le bras droit de la croix; un d'eux lui appuya les genoux sur la poitrine pour comprimer les mouvements d'angoisse; un autre lui ouvrit la main; le troisième, au milieu de la main ouverte, appuya la pointe d'un clou, et, de cinq coups de marteau, cloua à la croix cette main qui ne s'était jamais étendue que pour bénir!

Au premier coup de marteau, le sang jaillit au visage de celui qui ouvrait la main et de celui qui la clouait.

Jésus poussa un cri de douleur.

Les bourreaux passèrent à la main gauche; mais ils s'aperçurent qu'il s'en fallait de deux ou trois pouces que cette main n'atteignît la place à laquelle elle devait arriver.

Alors, un des tortureurs noua une corde autour du poignet de Jésus, et, arc-boutant ses pieds à un rocher qui sortait de terre, comme un ossement d'un monde mal enseveli, il tira avec force et sans relâche jusqu'à ce que la main gauche, grâce à la double dislocation des deux épaules, eût atteint la place voulue.

Pendant ce temps, la poitrine de Jésus se soulevait, malgré le poids de l'homme qui la tenait comprimée sous ses genoux, et ses jambes se retiraient vers son corps.

La main gauche fut liée comme l'autre, ouverte comme l'autre, clouée comme l'autre de cinq coups de marteau.

— Les clous étaient longs de huit ou

dix pouces, triangulaires, avec une tête bombée ; — l'extrémité en sortait de l'autre côté de la croix.

A travers les coups de marteau, on entendait les gémissements de Jésus, auxquels répondirent, cette fois, d'autres gémissements.

C'étaient ceux de la Vierge.

Soit pitié, soit cruauté, — qui osera prononcer entre ces deux mots ? — on avait permis à la mère de Jésus de pénétrer dans l'enceinte formée par la ligne des soldats, et d'assister au supplice de son fils.

Elle était donc à vingt pas de la croix, pâle, demi-morte, chancelante comme un lys brisé aux bras de ceux qui essayaient de la soutenir.

Quant à Madeleine, pour ne pas torturer la sainte mère par les cris de douleur qui s'amassaient dans sa poitrine, elle mordait ses cheveux à pleines dents, et déchirait son visage avec ses ongles.

Quoique couché sur la croix, quoique ne pouvant regarder autour de lui, quoique en proie à ses propres douleurs, Jésus reconnut ce douloureux gémissement, qui semblait être l'écho du sien, pour être sorti du sein de la Vierge; alors, il murmura ses paroles habituelles :

—O ma mère! soyez bénie entre toutes les femmes pour les douleurs que vous avez déjà souffertes, et que vous avez à souffrir encore!

Restaient les pieds à clouer.

Un morceau de bois en saillie et formant une espèce d'entablement avait été ajusté à la croix, afin, comme nous l'avons dit, que, le corps trouvant un appui, son poids ne déchirât point les mains, auxquelles, sans cela, il eût été suspendu. Mais, de ce côté aussi, soit que la mesure eût été mal prise, soit que les jambes en se retirant vers le corps, se fussent raccourcies par la torsion des nerfs, il se trouva que, de même que les bras avaient été trop courts, les jambes étaient trop courtes.

Les bourreaux entrèrent en fureur : c'était, selon eux, pour leur donner plus de peine que le patient refusait de s'allonger.

Ils se jetèrent sur lui pleins de rage, et, lui ayant lié les bras à la barre, et le torse à l'arbre de la croix, afin de ne pas déchirer les mains, ils tirèrent à l'aide d'une corde et par trois secousses, la jambe droite d'abord; — à chaque secousse, les os de la poitrine craquèrent, et l'on entendit Jésus murmurer ces paroles :

— O mon Dieu !

Puis, comme un écho de douleur, la Vierge répondre :

— O mon fils !

Puis, ce fut le tour du pied gauche, que l'on ramena sur le pied droit, et que l'on perça d'abord avec une espèce de vrille, parce que l'on craignait que l'os ne fît dévier la pointe de fer; puis, dans cette blessure, on introduisit le clou, que l'on enfonça à grands coups de marteau.

Il fallut quatorze coups pour que la terrible aiguille d'acier traversât les deux pieds, et pénétrât dans le bois de la croix à une profondeur suffisante.

Pendant cette horrible torture, Jésus se contenta de répéter ces paroles du psalmiste : « Ils ont percé mes mains et mes pieds, et ils ont compté tous mes os! »

Quant à la Vierge, elle ne prononçait aucune parole : elle pleurait, elle sanglotait, elle mourait de mille morts!

Cette opération terminée, on cloua au-dessus de la tête du Christ l'inscription en trois langues qui avait été rédigée par ordre de Pilate.

Le moment était venu de dresser la croix.

Sept ou huit archers se réunirent pour la soulever; deux ou trois la maintinrent au bord du trou creusé pour elle.

A mesure que la croix s'élevait, et que les bras des hommes qui la dressaient devenaient trop courts, on y suppléait par des crocs et des lances; arrivée à une ligne presque verticale, la charpente s'enfonça de tout son poids dans le trou, qui était de trois pieds de profondeur.

La secousse fut terrible : Jésus jeta un nouveau cri de douleur; ses os disloqués s'entre-choquèrent, ses blessures s'élargirent, et le sang, qui avait été gêné dans sa circulation par la compression des cordes, jaillit impétueusement de toutes les plaies.

Ce fut un instant suprême dans la vie de l'humanité, que celui où cette croix chancelante s'affermit, et où l'on sentit tressaillir la terre à ce bruit sourd que fit le pied de la croix en se heurtant au rocher sur lequel le rédempteur du monde apparaissait debout.

Il y eut un instant de silence : plaintes de Jésus, gémissements de sa mère, insultes des bourreaux, imprécations des pharisiens, trompettes du temple, tout se tut !

Seulement, les oreilles des anges entendirent le bruit des mille mondes qui errent dans l'infini, et qui se répétaient les uns aux autres ces paroles que Jésus venait, pour la troisième fois, de prononcer dans son âme, — car il n'avait plus la force de les prononcer tout haut : « Pardonnez-leur, mon père ! ils ne savent ce qu'ils font ! »

Alors, on put voir Jésus, ayant Dimas à sa droite, et Gestas à sa gauche ;

les bourreaux lui avaient tourné le visage au nord-ouest, parce qu'il fallait que les paroles des prophètes s'accomplissent en tous points, et que Jérémie avait dit : « Je serai à leur égard comme un vent brûlant ; je les disperserai devant leurs ennemis ; je leur tournerai le dos, et non le visage, au jour de leur perdition ! » En outre, bien auparavant, le roi-prophète avait dit, dans le psaume LXV : « Ses yeux sont tournés du côté des nations ! »

En ce moment, Jésus offrait le plus sublime et le plus douloureux spectacle : — le sang ruisselait de son front et emplissait ses yeux ; le sang ruisselait de ses mains ; le sang ruisselait de ses pieds ; ses cheveux ensanglantés retombaient sur son front ; sa barbe ensanglantée adhérait à sa poitrine ; ses épaules, ses bras, ses poignets, ses jambes, tout son corps, enfin, tendu jusqu'à la dislocation, permettait de compter les os de la poitrine, depuis les clavicules jusqu'aux plus basses côtes, et s'en allait blêmissant peu à peu, au fur et à mesure que son sang l'abandonnait...

Il se fit, comme nous l'avons dit, dans toute la nature, un moment de profond silence, lorsque la croix fut élevée, et que la douleur de la secousse éteignit jusqu'aux cris du patient ; mais bientôt Jésus releva la tête.... A ce mouvement de son fils, rien ne put retenir la Vierge : elle s'élança et vint, chancelante, tomber à genoux au pied de la croix, qu'elle serra entre ses bras aussi tendrement qu'elle eût serré son fils.

Jésus abaissa les yeux vers elle.

— Ma mère, murmura-t-il, vous rappelez-vous ce que je vous dis, il y a trente ans, en Égypte, en vous montrant ce mauvais larron qui voulait nous empêcher de passer, et ce bon larron qui lui rachetait notre passage?... Je vous dis : « O ma mère! dans trente ans, les Juifs me crucifieront, et ces deux voleurs seront mis à mes côtés, Dimas à ma droite, et Gestas à ma gauche; et, ce jour-là, Dimas, le bon larron, me précédera dans le Paradis! »

Les deux voleurs entendirent ces paroles et relevèrent la tête.

— Ah! s'écria Gestas, tu veux dire par là que tu es le Messie... Eh bien, si tu es le Messie, sauve-toi et sauve-nous... Mais, non, tu n'es pas le Messie, puisque tu te laisses crucifier ! tu es un faux prophète, un blasphémateur, un magicien !

Mais Dimas, à son tour :

— Comment peux-tu injurier cet homme ! dit-il. Quant à moi, je le prie et l'implore ; car je le reconnais pour un prophète, pour mon roi, pour le fils de Dieu !

A ces paroles du bon larron, un grand tumulte s'éleva parmi les assistants ; les soldats avaient rompu leurs rangs et avaient laissé les curieux s'approcher jusqu'au pied des croix. Le Golgotha était couvert de spectateurs depuis le haut jusqu'en bas; des milliers d'hommes étaient entassés sur le mur extérieur, sur les tours et sur la terrasse du palais d'Hérode.

Alors, ceux qui se trouvaient les plus rapprochés du Christ se mirent à l'injurier, lui criant :

— Eh bien, imposteur! tu n'as donc pas voulu renverser le temple, et le rebâtir en trois jours?... tu n'as donc pas su évoquer les morts, comme tu t'en étais vanté?... tu as donc refusé de faire remonter le Jourdain jusqu'au lac de Genesareth?... Voyons, toi qui viens, dis-tu, pour sauver les autres, sauve-toi toi-même : si tu es le fils de Dieu, descends de la croix!... Descends, fils de Dieu! descends! et, alors, nous te le promettons, nous croirons en toi!.....

— Eh! criait le mauvais larron, ne voyez-vous pas que c'est un malfaiteur, un brigand, un magicien? D'ailleurs, je n'en veux que cette preuve : c'est que Bar Abbas, notre ami, notre compagnon, Bar Abbas lui a été préféré!

— Tais-toi, Gestas! tais-toi! dit le bon larron; Bar Abbas, au contraire, avait été condamné justement; nous, au contraire, nous avons été condamnés justement; si nous souffrons, nous, c'est justice, car nous recevons la peine de nos crimes... mais lui est innocent! Songe à ta dernière heure, Gestas, et, au lieu de blasphémer, repens-toi!

Et, se tournant vers Jésus :

— Seigneur! Seigneur! dit-il, je suis un grand coupable, et c'est avec justice que j'ai été condamné... Seigneur, Seigneur, ayez pitié de moi!

Et Jésus lui dit :

— Sois tranquille, Dimas, je te reçois dans ma miséricorde!

A peine Jésus avait-il achevé de prononcer ces paroles, qu'un épais brouillard rougeâtre monta de la terre au ciel, que le soleil pâlit, et que le vent du désert commença de souffler.

Il était un peu plus de midi et demi.

CHAPITRE XIX

ELOHI! ELOHI! LEMA SABAKHT ANNY?

Au moment où, comme un divin baume, Jésus versait sur l'agonie du bon larron l'espérance de la vie éternelle, Isaac Laquedem, dans sa maison, aux portes soigneusement fermées, aux fenêtres strictement closes, faisait la pâque en famille.

A la table commune étaient assis, — dans une pièce prenant jour sur la cour intérieure, et à laquelle on arrivait par la boutique, donnant sur la rue, — son père et son grand-père, double génération à la tête blanchie, dont la tête la plus blanche comptait cent années ; sa femme, âgée de trente-quatre ans ; sa fille, âgée de quinze ; son fils, âgé de neuf.

Un enfant de six mois dormait dans un berceau. La grand'mère de la femme d'Isaac, pauvre créature devenue impotente et idiote, marmottait, en branlant la tête, des paroles sans suite, dans un fauteuil où elle s'asseyait le matin, et d'où elle ne se levait que le soir.

Isaac, homme de quarante-trois ans, était le lien entre ces différents âges, qui marquaient tous les jalons de la vie, depuis le berceau jusqu'à la tombe.

L'agneau pascal avait été dépecé : chacun en avait une part sur son assiette; ces parts, plus ou moins entamées, indiquaient le plus ou moins de préoccupation des convives.

Tous étaient sombres et silencieux, car la terrible malédiction pesait sur la famille tout entière, que la flamme mouvante des lampes fixées à la muraille éclairait d'une lumière tremblante et sans fixité.

Seul, l'enfant de dix ans, encore étranger aux impressions morales de la rue, riait et chantait.

Il chantait une de ces chansons comme en chantent les enfants, et dont ils composent tout à la fois l'air et les paroles. Les autres parlaient tout bas; Isaac était immobile, la tête sur la poitrine, ses deux mains enfoncées dans ses cheveux. Sa femme le regardait avec des yeux pleins d'angoisse.

Voici ce que chantait l'enfant :

« Quand j'aurai été soldat, soldat comme mon père, — je reviendrai à la maison avec une belle cuirasse à écailles, avec un beau casque doré, avec une belle épée tranchante, — quand j'aurai été soldat, soldat comme mon père!

» Quand j'aurai été marchand, marchand comme mon grand-père, — je reviendrai de Tyr et de Joppé, avec un grand sac de cuir plein de pièces d'or et d'argent, — quand j'aurai été marchand, marchand comme mon grand-père!

» Quand j'aurai été marin, marin comme mon aïeul, — je reviendrai de la mer que l'on voit du haut de la tour, avec une belle barbe blanche et un beau manteau bleu de la couleur des vagues, — quand j'aurai été marin, marin comme mon aïeul !

» Il n'y a que lorsque je serai mort, mort comme le père de mon aïeul, que je ne reviendrai plus, — car on dit que l'on dort éternellement, — lorsque l'on est mort, mort comme le père de mon aïeul !

» Il n'y a que Caïn, Caïn ! qui ne puisse pas mourir, — car ce n'est pas vrai, ce que l'on a dit, qu'il avait été tué par son neveu Lamech : Caïn n'est pas mort, Caïn est condamné à vivre toujours, parce qu'il a tué son frère Abel ; — n'y a que Caïn, Caïn ! qui ne puisse mourir !

» Et, quand un conquérant, quand un conquérant se met en campagne avec son armée, — Caïn, le premier meurtrier, monte sur le cheval Semehé, qui suc le sang, et il s'avance en criant : « Marche! marche! marche!..... » — quand un conquérant, quand un conquérant se met en campagne!

» Et, quand la peste, quand la peste voyage, — Caïn le premier meurtrier, monte sur l'oiseau Vinateyna, qui vole aussi vite que la peste, et il dit à la peste : « Marche! marche! marche!...» — quand la peste, quand la peste voyage!

» Et, quand la tempête, quand la tempête soulève la mer, — Caïn, le premier meurtrier, monte sur le poisson Macar, qui va aussi vite que le vent, et il dit à la tempête : « Marche! marche! marche!... »

Isaac ne put pas supporter plus longtemps la répétition de ce mot terrible, qui avait été prononcé par le Christ; il frappa du poing sur la table, et se leva en disant :

— Par le salut de César! femme, fais donc taire cet enfant!

L'enfant regarda son père d'un air étonné, et se tut.

Il se fit un silence effrayant.

Au milieu de ce silence, la vieille grand'mère se mit à marmotter des mots inintelligibles; puis ces mots commencèrent peu à peu à revêtir une forme, et à renfermer une pensée. Alors, on entendit ce chant étrange et sans nom :

« Il y a une petite herbe à trois feuilles qui a, sur chacune de ses feuilles, une tache de sang, et au milieu, à la place de fleur, une couronne d'épines.

» — Petite herbe, pourquoi as-tu, sur chacune de tes feuilles, une tache de sang? pourquoi as-tu, au lieu de fleur, une couronne d'épines?

» — Vieille grand'mère, toi qui sais tant de choses, tu devrais savoir cela! Tu ne le sais pas, vieille grand'mère? eh bien, je vais te le dire.

» Hier, dans le jardin silencieux qui s'ouvre sur les hauteurs de Gethsemani, le Sauveur s'est agenouillé, l'âme triste jusqu'à la mort!

» Le ciel était tout couvert, et pas la moindre petite étoile n'y brillait ; tous les disciples étaient endormis, et le Seigneur veillait seul avec son angoisse.

» Mais bientôt Satan se présenta à lui, et, aux choses que lui dit Satan, de son front pâli le sang dégoutta en guise de sueur.

» Une goutte après l'autre tomba sur moi; tout était morne à l'entour : le Seigneur, le Seigneur lui-même n'avait plus la force de gémir.

» Et moi, je dis, alors, avec ma petite voix de plante : « Seigneur ! Sei-
» gneur ! voilà que ton sang précieux
» coule sur mes feuilles, et, de mes
» feuilles, va tomber à terre !

» Donne-moi des mains, Seigneur,
» afin que je recueille ce trésor merveil-
» leux, afin que j'empêche de couler
» sur la terre ce précieux sang, ce sang
» du salut ! »

» Et le silence était tellement profond, que ma voix, si faible qu'elle fût, arriva jusqu'au trône de Dieu, et que Dieu dit :

« Qu'il soit fait ainsi que tu le dé-
» sires, pauvre petite plante, et que
» jamais, de tes feuilles, ne s'efface la
» trace du sang de mon fils!

» En outre, au lieu de fleur, tu au-
» ras une couronne d'épines semblable
» à celle qu'ils mettront sur la tête de
» mon fils, à l'heure de sa passion! »

» Et voilà pourquoi on m'appellera désormais le trèfle de Judée ou le trèfle épineux ; c'est que, sur chacune de mes feuilles, je porte une marque de sang, et qu'au lieu de fleur, j'ai une couronne d'épines... »

Chacun avait écouté cette espèce de chant avec une terreur profonde ; depuis plus de trois ans, la vieille paralytique n'avait parlé avec tant de raison et tant de suite. Il est vrai qu'à peine eut-elle fini, sa langue s'embarrassa de nouveau, et, de même que, par des sons inarticulés, elle avait monté jusqu'à la parole, par des sons inarticulés, elle redescendit jusqu'au mutisme.

Isaac avait déjà fait un pas pour lui imposer silence, lorsqu'elle se tut d'elle-même : sa chanson était finie.

— Lia, dit Isaac à sa fille, prends ta cithare, avec laquelle tu accompagnes les cantiques au temple, et chante-nous quelque chose qui nous fasse oublier ce qu'a dit cet enfant, et ce qu'a dit cette vieille femme.

La belle jeune fille aux yeux de velours noir, aux cheveux de jais, au teint de bistre, aux lèvres de corail, aux dents de perle, se leva, détacha sa cithare, suspendue à la muraille, l'accorda, et chanta en s'accompagnant :

« — D'où viens-tu, beau messager ? viens-tu de Tyr ou de Babylone, de Carthage ou d'Alexandrie ? viens-tu de la montagne ou de la plaine ? viens-tu du lac ou de la forêt ?

» — Je ne viens ni de la forêt ni du lac, ni de la montagne ni de la plaine, ni d'Alexandrie ni de Carthage, ni de Babylone ni de Tyr ; je viens de plus loin, et surtout je viens de plus haut !

» — Beau messager, qui t'a donné ce manteau bleu ? a-t-il été trempé dans l'azur de la mer ? a-t-il été taillé dans un coin du firmament ? est-il fait de laine ou de soie ?

» — Il n'est fait ni de laine ni de soie, il n'a point été taillé dans un coin du firmament ; il n'a point été trempé dans l'azur de la mer ; ce n'est point un manteau : ce sont deux ailes pour planer au-dessus des nuages, et descendre au fond des abîmes.

» — Beau messager, de la part de quel roi viens-tu? Est-ce lui qui t'a mis à la main cette baguette d'aubépine? est-ce lui qui t'a mis sur la tête ce beau pétase tout brodé d'or?

» — Ce n'est point un pétase brodé d'or que j'ai sur la tête : c'est une auréole; ce n'est point une baguette d'aubépine que j'ai à la main : c'est le glaive de feu, et le roi de la part de qui je viens est le roi du ciel!... »

Au moment où Lia prononçait ces

derniers mots, on frappa un si rude coup à la porte, que toute la maison trembla.

Les convives tressaillirent et se regardèrent les uns les autres.

Isaac pâlit jusqu'à la lividité; cependant, rappelant tout son courage :

— Qui frappe? demanda-t-il.

— Celui que tu attends, répondit une voix.

— Que veux-tu?

— Savoir si tu es prêt.

— De la part de qui viens-tu?

— De la part du Seigneur!

Et, en même temps, la porte barricadée s'ouvrit d'elle-même, et, sur le seuil, apparut un ange vêtu de blanc, avec de longues ailes pliées derrière lui, une auréole d'or au front, une épée flamboyante à la main.

C'était Éloha, le plus beau des anges du Seigneur : Dieu le créa au fond d'un océan de nuages d'or et de pourpre; pour former son corps, il prit la plus pure, la plus fraîche, la plus transparente des lueurs qui précèdent le lever du jour; la première aurore fut sa sœur, et le premier soleil, en montant dans les cieux, le vit en adoration aux pieds de Jehovah. — C'était le messager le plus rapide du Seigneur : quand il apportait la paix, son œil était doux comme le regard de l'aube matinale; quand il apportait la menace, son œil était terrible comme l'éclair.

A cette apparition, les deux vieillards, l'aïeule, la femme, Lia et son frère tombèrent à genoux en joignant les mains;

l'enfant lui-même s'agenouilla dans son berceau.

Isaac seul demeura debout, les bras croisés, frissonnant, les cheveux hérissés, mais regardant l'ange.

— Tu as demandé au Seigneur, dit Eloha, à faire la dernière pâque avec ta famille... La pâque est terminée : le moment de ton départ est venu !

— Et pourquoi quitterais-je mon puits, dont l'eau m'est si pure ; mon sycomore, dont l'ombre m'est si fraîche ; mon figuier, dont le fruit m'est si doux ; ma famille, dont l'amour m'est si cher ?

— Parce que c'est le jugement.

— Ce jugement, qui l'a rendu ?

— Dieu !

— Je ne partirai pas ! dit Isaac.

Et il s'assit sur un escabeau.

L'ange s'avança lentement, emplissant de lumière la chambre qu'il traversait; puis, arrivé à portée d'Isaac, il leva son glaive de flamme, et le toucha au front.

Isaac poussa un cri, porta ses deux mains à son visage, et se dressa sur ses pieds.

— Qu'as-tu fait? demanda-t-il.

— Je t'ai marqué du sceau de Caïn, afin que les hommes te reconnaissent pour le frère du premier meurtrier.

— Écoute, dit Isaac, laisse-moi un an encore avec ceux que j'aime, et puis je partirai...

— Pas un jour!

— Laisse-moi un jour...

— Pas une heure!

— Laisse-moi une heure...

— Celle qui te fut accordée par Jésus est écoulée... Marche !

— Laisse-moi lacer mes sandales à mes pieds... laisse-moi jeter mon manteau sur mes épaules... laisse-moi ceindre mon épée à mes flancs... laisse-moi passer ma cotte de mailles !

— Tu n'as besoin ni de sandales, ni de manteau : tes pieds s'endurciront au point de briser les cailloux sur lesquels ils marcheront ; tu auras pour manteau la vapeur du matin et la nuée du soir... Tu n'as besoin ni de cotte de mailles ni d'épée, puisque ni le fer ni le feu ne pourront rien sur toi... Marche !

— Quel chemin vais-je suivre ?

— Tu suivras sur la terre le chemin que suivent dans l'air les oiseaux voyageurs.

— Comment ferai-je dans les pays inconnus où aucun chemin n'est tracé?

— Tu traceras le premier chemin... Marche!

— Comment ferai-je quand je serai au bord de l'Océan, et que je ne verrai sur le rivage ni barque ni vaisseau?

— Tu marcheras de vague en vague, et chaque vague sur laquelle ton pied se posera deviendra solide comme une pyramide de granit... Marche!

— Quelles sont les villes à travers lesquelles je dois passer?

— Que t'importe! puisque toutes s'écrouleront derrière toi... Marche!

— Laisse-moi embrasser une dernière fois ma femme et mes enfants.

— Soit! embrasse ta femme, tes enfants, et pars! Je t'attends dehors.

Eloha sortit.

Isaac embrassa tour à tour sa femme et ses enfants ; celui qu'il pressa le plus longtemps dans ses bras, ce fut le plus petit, celui qui était dans le berceau.

Puis, entraîné par une irrésistible attraction, il s'avança vers la porte, mais à reculons, mais les bras tendus vers les êtres chéris qu'il quittait, mais se cramponnant aux meubles, aux piliers, aux angles, qui, les uns après les autres, échappaient à ses mains en gardant la trace de ses ongles.

Il arriva ainsi jusqu'au seuil de la porte.

— Oh ! s'écria-t-il désespéré, tu es bien décidément le plus fort, puisque je suis contraint de t'obéir... Indique-moi donc le chemin que je dois suivre, et je pars.

L'ange indiqua du doigt à Isaac le chemin qu'avait suivi Jésus.

— Marche! lui dit-il.

— Et toi? demanda Isaac.

— Moi, je retourne d'où je viens.

Et, déployant ses ailes, aussi vite que la foudre en descend, l'ange remonta vers le ciel.

— Adieu, cria Isaac, adieu, le banc de mon père! adieu, le seuil de la maison de mon père!... Adieu, mon père! adieu, père de mon père!... Adieu, femme! adieu, enfants! adieu! adieu! adieu!...

Et il s'éloigna rapidement du côté de la porte Judiciaire.

A peine eut-il fait quelques pas, qu'un

phénomène qu'il n'avait point d'abord remarqué le frappa : c'est que, quoiqu'il fût tout au plus deux heures de l'après-midi, les ténèbres étaient répandues sur la face de la terre.

Il leva les yeux en l'air, et vit quelque chose comme un monde qui s'interposait entre le soleil et la terre : un cercle pareil à un anneau de fer rougi dans une fournaise était tout ce qui restait du soleil.

De grands nuages cuivrés couraient au ciel, chassés par l'aile de feu du simoun.

Des éclairs d'un rouge de sang gerçaient le firmament dans toute son étendue.

Des étoiles paraissaient de place en place, puis disparaissaient, comme des yeux qui s'ouvrent et se ferment.

Le tonnerre grondait sourdement.

Les hommes se demandaient les uns aux autres ce que voulait dire ce bouleversement de la nature; les femmes traversaient rapidement les rues, pour passer d'une maison à une autre, tirant par la main leurs enfants qui pleuraient.

Quelques-uns s'arrêtaient au milieu des carrefours, et, levant les bras au ciel, s'écriaient :

— Nous l'avions bien dit! nous l'avions bien dit!

D'autres secouaient la tête, et disaient:

— Je n'y suis pour rien, moi, Dieu merci!... Que son sang retombe sur ses meurtriers!

Les animaux domestiques fuyaient, plus épouvantés encore que les hommes.

Deux chevaux qui avaient renversé

leurs cavaliers passèrent près d'Isaac, hennissant, soufflant la fumée par leurs naseaux, et tirant, à chaque pas, des gerbes d'étincelles des pavés.

Tout à coup, il sembla à Isaac que la terre tremblait, que les maisons chancelaient comme des arbres que le vent secoue.

Tous ceux qui étaient allés sur le Golgotha pour assister à l'exécution, tous ceux qui se tenaient sur les remparts, tous ceux qui étaient montés sur les tours et sur les terrasses rentraient dans la ville, les uns par la porte Judiciaire, les autres par la porte des tours des Femmes, se hâtant, se pressant, courant pour regagner leurs maisons.

Au milieu de cette foule éperdue, il y avait des gens vêtus de longs manteaux blancs qui marchaient avec lenteur. Isaac frissonna, car il crut reconnaître que c'étaient là, non pas des vivants qui regagnaient leurs maisons, mais des morts qui désertaient leurs tombeaux.

Ces longs manteaux blancs, c'étaient des suaires !

En arrivant à la porte Judiciaire, il vit le tombeau du prophète Ananie dont le couvercle se soulevait ; ce tombeau était situé à cent pas en dehors de la porte.

Le mort en sortit, et rentra dans la ville au moment où Isaac en franchissait les portes.

Le maudit s'élança au delà du pont jeté sur le gouffre des Cadavres ; il avait le mont Gihon à sa droite, le mont Calvaire à sa gauche, devant lui le chemin de Gabaon.

En jetant un regard en arrière, il aperçut le roi David debout sur cette même tour qui a conservé son nom, et du haut de laquelle, vivant, il jeta un regard adultère sur la femme de son fidèle capitaine Urie; le roi-prophète avait la couronne sur la tête, le sceptre à la main; il saluait le Golgotha.

Isaac pouvait prendre ou devant lui ou à sa gauche : il prit à sa droite, et commença de gravir la pente rocailleuse du Calvaire. — Une main invisible le poussait vers Jésus.

Mais lui, au lieu de se courber sous cette main, et d'adorer; lui, pareil à ces esprits de l'abîme révoltés contre leur créateur, lui blasphémait et maudissait.

Et, cependant, il montait toujours, cédant à une volonté plus forte que la sienne; et, à mesure qu'il montait, il découvrait Jérusalem, qui semblait une ville condamnée se débattant avec la mort dans l'obscurité.

Lorsqu'un éclair bleuâtre ou couleur de sang faisait jaillir la lumière dans les profondeurs de ses rues, on les voyait, les unes désertes, les autres peuplées de fantômes, les autres sillonnées d'hommes, de femmes, d'enfants courant éperdus.

Au haut du Calvaire, les trois croix se détachaient sombres sur un ciel en feu, et, — tandis qu'à la croix du milieu Jésus pendait sans mouvement et entouré d'une pâle lumière,—dans le peu de liberté laissée à leurs membres, les deux larrons se tordaient en hideuses convulsions.

Les bourreaux, restés sur ce sommet désolé, s'agitaient, pareils à des démons; Longin, seul, à cheval sur la crête du mont, debout, immobile, sa lance à la main, semblait une statue de bronze sur une base de granit.

A quelques pas de la croix, un groupe se tenait dans l'attitude de la douleur; ce groupe se composait de Marie, de Jean et des saintes femmes.

Isaac montait toujours.

Il entendit Jésus dire :

— J'ai soif!

Longin, alors, se détacha de son rocher, et, au bout de sa lance, lui présenta une éponge imbibée de vinaigre.

En ce moment, la tempête, puissante, terrible, menaçante, commença de mugir; on entendait rouler dans les entrailles de la terre un tonnerre plus retentissant que celui qui grondait au ciel; l'ouragan, ce fils aîné de la destruction, s'avança hurlant à travers les cèdres, les sycomores, les palmiers, brisant tout sur son passage, et, à son souffle, Jérusalem balança ses palais, ses maisons, ses tours, comme l'Océan balance les débris d'une flotte en perdition.

Les cris de l'orage annonçaient l'arrivée de la foudre.

Tout à coup, il se fit un profond silnnce, et l'on entendit la voix de Jésus poussant ce grand cri qui est arrivé jusqu'à nous à travers les siècles :

— ELOHI! ELOHI! LEMA SABAKHT ANNY!... *Mon Dieu! mon Dieu! pourquoi vous êtes-vous isolé de moi?...*

La nature entière s'était tue pour écouter ces paroles; mais à peine furent-elles prononcées et emportées aux quatre coins de la terre sur les ailes des anges, que la tempête redoubla.

Quelque chose de pareil à un voile de cendres se répandit sur la terre.

A travers ce voile, Isaac vit le flanc de notre mère commune se déchirer pour un sombre et terrible enfantement.

Comme au jour du jugement dernier, la terre rendait ses morts!

Ses yeux se portèrent d'abord sur le gouffre des Cadavres, où l'on jetait les corps des suppliciés avec les instruments de leur supplice, et qui s'étendait à sa droite.

Il vit s'agiter la poussière de l'immense charnier.

Tout ce qui avait appartenu à l'homme redevenait homme, tout ce qui avait appartenu au bois redevenait bois, tout ce qui avait été fer redevenait fer.

Chaque condamné, — ceux dont les corps gisaient là depuis des siècles, comme ceux dont les corps y avaient été jetés à la dernière exécution, — reprenait sa croix entre ses bras sanglants, et, se traînant sur ses genoux dans l'attitude de la prière, tendait ses mains vers Jésus.

Les yeux du Juif se reportèrent à droite, et il vit une longue file de patriarches et de prophètes enveloppés de leurs suaires; ils avaient été réveillés dans le sépulcre au bruit et à la secousse de la croix, tombant verticale sur le rocher ; ils s'étaient levés aussitôt, et, de tous les points de la Judée, ils étaient venus pour assister à la mort de celui qui devait les conduire triomphalement au ciel; et tous, dans l'attitude de la prière, étendaient les mains vers Jésus.

Isaac ramena ses regards devant lui : à ses pieds, la terre se fendait juste à l'endroit où la tradition racontait qu'Adam et Ève avaient été enterrés; un grand vieillard sortit du sol jusqu'à la ceinture ; sa barbe blanche tombait sur sa poitrine; ses cheveux blancs flottaient au souffle de l'ouragan.—Près de lui, une femme qui avait hésité un instant à se lever de sa tombe était debout, presque entièrement voilée par ses cheveux, et moins pâle de ses quatre mille ans de sépulcre que de terreur.

—Oh ! murmura la femme, moi aussi, j'ai vu mourir mon fils Abel comme Marie voit mourir son fils Jésus !...

—Femme, répondit le vieillard, oubliez tout pour ne vous souvenir que d'une chose : c'est que c'est à cause de votre faute que ce juste va expirer aujourd'hui sur la croix !

Et tous deux tendaient vers Jésus ces mains qui avaient guidé les pas des premiers hommes, et criaient :

—Grâce ! grâce, Jésus ! grâce pour le père et la mère du genre humain !...

Isaac voyait tout cela comme un songe

effroyable, à la lueur des éclairs, au sifflement de la tempête, au grondement de la foudre.

Une troisième fois, alors, le silence se fit dans la nature, et l'on entendit la voix de Jésus qui disait :

— Tout est consommé!... Mon père! mon père! je remets mon âme entre vos mains!...

Et, laissant tomber sa tête sur sa poitrine, le fils de Dieu poussa un faible gémissement, et expira...

En même temps, la foudre éclata en vingt endroits différents, on sentit passer des vols d'anges qui s'élançaient dans toutes les directions, pour aller annoncer aux mondes roulant dans l'espace la mort du Rédempteur... Le temple frémit, s'inclina, se releva, s'inclina de nouveau ; le voile du saint des saints se déchira du haut en bas, et, avec un craquement terrible, la terre s'ouvrit au pied de la croix.

L'abîme venait de voir le jour !

Devant un pareil miracle, un titan fût tombé à genoux, et eût adoré.

Isaac, chancelant pendant quelques secondes au milieu du bouleversement universel, se redressa, étendit la main vers le Christ, et dit :

Ou tu es homme, ou tu es Dieu ; si tu es homme, je te vaincrai facilement... si tu es Dieu, je lutterai contre toi, car ta malédiction t'a fait mon égal : quiconque est immortel, est Dieu !

Et, passant au pied de la croix avec un geste de menace qui fit cabrer le cheval de Longin, reculer les bourreaux, il descendit la pente orientale du Calvaire, sautant de rocher en rocher, et se perdit bientôt dans l'obscurité, qui, à chaque instant, se faisait plus épaisse.

CHAPITRE XX.

LA RÉSURRECTION.

Jésus était mort!

A ce terrible cataclysme qui, pendant son agonie, avait agité toute la nature, succédaient une stupeur et une atonie générales; on eût dit que sa dernière haleine avait soufflé sur la vie tremblante de l'humanité, et l'avait éteinte.

La création, qui avait arrêté sa marche

au moment de la naissance de l'homme-Dieu, l'avait arrêtée aussi au moment de sa mort.

A cet instant suprême, il n'y avait sur le Calvaire que le groupe sacré — composé de Marie, la mère divine, de Jean, de Madeleine, de Marie, fille de Cléophas, et de Salomé ; — Longin à cheval ; les soldats épouvantés ; les morts sortant de leurs tombeaux pour glorifier Jésus, et Isaac passant entre la croix du mauvais larron et celle du Christ pour blasphémer et pour maudire.

Isaac disparu, tout rentra dans le silence et l'immobilité.

Puis un long soupir sortit de la création entière : c'était la nature qui respirait en se reprenant à la vie.

A ce souffle universel d'existence, les

morts s'évanouirent, et les tombeaux se refermèrent.

Alors, on vit sortir de la porte Judiciaire huit soldats envoyés par Pilate : six portaient des échelles, des bêches et des cordes; le septième portait une barre de fer; le huitième, qui les conduisait, était le centurion Aben Adar.

Les six soldats portant les échelles, les bêches et les cordes venaient pour descendre et enterrer les crucifiés; le soldat qui portait la barre de fer venait pour briser leurs membres, comme c'était la coutume; Aben Adar venait pour surveiller l'opération.

En les voyant s'approcher, Jean, Marie Cléophas et Salomé s'éloignèrent pour leur faire place; mais la sainte mère de Jésus s'élança vers la croix de son fils, qu'elle serra entre ses bras; tandis que Madeleine, par un mouvement qui avait sa source dans le même sentiment, c'est-à-dire dans la crainte que l'on n'outrageât encore le cadavre du Sauveur, se jetait au-devant des soldats.

Il est mort! il est mort! s'écria Marie; que voulez-vous de plus?

Et Madeleine tomba à genoux, sanglottante et les bras étendus, répétant après la Vierge :

— Il est mort! il est mort!...

L'homme qui portait la barre de fer jeta sur Jésus un regard oblique, et, sans rien promettre :

— C'est bien, dit-il, commençons d'abord par les larrons.

Alors, il s'approcha de Gestas, et, de

deux coups de sa barre de fer, il lui brisa les deux jambes entre le genou et le cou-de-pied, et, de deux autres coups, les deux cuisses entre le col du fémur et le genou.

Et, ordonnant à un soldat de placer l'échelle contre la croix, il monta rapidement les échelons, et, de quatre nouveaux coups, brisa les bras du patient chacun en deux endroits.

A chaque coup, Gestas faisait entendre un cri suivi d'horribles blasphèmes.

Pour l'achever, le soldat lui appliqua trois coups de sa barre de fer sur la poitrine; au troisième, le misérable expira en maudissant ses juges et ses bourreaux.

Vint ensuite le tour de Dimas; il

avait les yeux tournés vers Jésus, et semblait puiser en lui toute sa force; à chaque coup, il poussa seulement un soupir; puis, entre l'avant-dernier coup et le dernier, il prononça ces mots :

— O divin Rédempteur! souviens-toi de la promesse que tu m'as faite!

Et, sans quitter Jésus du regard, il expira; et, comme ses yeux restèrent ouverts même après sa mort, on put croire que, de l'autre côté de sa vie, il regardait encore celui dans lequel il avait mis toute son espérance.

Alors, tandis que les soldats s'approchaient des deux larrons pour descendre leurs cadavres, l'homme à la barre de fer, de son côté, s'approcha de Jésus.

Mais la Vierge, se précipitant vers Longin, sur le visage duquel — les mères ne se trompent point à cela — elle avait cru lire quelque signe de pitié :

— Oh! s'écria-t-elle, par grâce! dites donc à cet homme que mon fils est mort, et que ce serait une cruauté inutile que de le mutiler!...

Aben Adar, qui veillait à l'exécution des ordres de Pilate, s'avança à son tour, et demanda à Longin :

— Est-il bien vrai, Longin, que celui qu'ils appellent le Christ soit mort?

— Au nom du salut de César, répondit Longin, je le jure!

Et, comme Aben Adar paraissait douter, comme le bourreau faisait un pas pour se rapprocher de la croix,

Longin piqua son cheval, s'élança lui-même en avant, et, de sa lance, traversant du côté droit au côté gauche le corps de Jésus :

— Voyez plutôt! dit-il.

La Vierge poussa un grand cri; elle n'avait pas compris l'intention de Longin : elle avait vu l'action, voilà tout, et il lui avait semblé que la lance du décurion venait de percer son propre cœur!

Alors, les forces lui manquant, elle se renversa en arrière, les mains sur ses yeux; et elle fût tombée à la renverse, la tête contre le rocher, si Madeleine n'avait point été là pour la soutenir entre ses bras.

Mais, en ce moment, s'accomplissait

ce que, vingt ans auparavant, Jésus avait dit à Judas :

« Ils perceront mon côté droit de la lance, et, par la blessure qu'ils me feront, sortira le reste de mon sang et le reste de ma vie ! »

Et, en effet, une grande quantité de sang mêlé d'eau s'échappait de la blessure que venait de faire au côté de Jésus la lance de Longin.

Tout à coup, celui-ci tomba à genoux en criant :

— Miracle!

Quelques gouttes du sang divin avaient jailli jusqu'à ses paupières, et ses yeux, si faibles, qu'à peine Longin voyait-il à se conduire, étaient tout à coup devenus clairs et lucides.

Et, le Seigneur permettant que les

yeux de son âme s'ouvrissent en même temps que les yeux de son corps, il était tombé à genoux en criant : « Miracle! »

Peut-être, cependant, ce miracle n'eût-il pas suffi pour empêcher les nouveaux venus de traiter le Christ comme ils avaient traité les deux autres crucifiés; mais les soldats qui, sous les ordres de Longin, étaient là depuis le commencement de l'exécution, entourèrent la croix, et, secouant la tête :

— Non, dirent-ils, celui-là est mort, bien mort, et l'on n'y touchera pas!

Au milieu de son évanouissement, la Vierge entendit ces paroles.

— Soyez bénis, murmura-t-elle, vous qui avez pitié d'une mère!

Aben Adar fit un signe, et les soldats

qu'il avait amenés s'éloignèrent de quelques pas.

En ce moment, deux hommes enveloppés dans de grands manteaux, et suivis de plusieurs valets dont les uns portaient des échelles, les autres des tenailles, ceux-ci des ballots de linge roulé, ceux-là des onguents et des aromates, s'approchèrent de la croix.

Les soldats voulurent leur barrer le passage; mais l'un d'eux tira un parchemin de sa poitrine, et montra au centurion le sceau du procurateur de César, Ponce Pilate.

Ce parchemin contenait l'autorisation d'enlever le corps de Jésus, et de l'ensevelir dans un sépulcre particulier.

La Vierge jeta un cri de joie : elle venait de reconnaître dans l'homme qui présentait le parchemin au centurion, Joseph d'Arimathie, et, dans celui qui se tenait debout à sa droite, Nicodème, lequel, n'ayant pas hésité à défendre Jésus devant Caïphe et devant Pilate, restait fidèle au mort comme il l'avait été au vivant.

Tous deux s'étaient présentés devant Pilate, et avaient sollicité du préteur romain la grâce d'ensevelir Jésus dans une tombe particulière. Pilate avait hésité d'abord, craignant de se compromettre; mais Claudia était survenue, s'était jointe à Joseph d'Arimathie et à Nicodème, et Pilate n'avait pu résister à leurs instances réunies.

De plus, la permission accordée, Claudia avait fait un signe aux deux sénateurs, et elle avait été chercher dans sa chambre et leur avaient remis une urne du plus précieux baume.

Munis du parchemin, porteurs de l'urne, les deux membres du grand conseil avaient aussitôt fait prendre par leurs valets tous les objets nécessaires à la descente de croix et à l'ensevelissement, et s'étaient acheminés vers le Golgotha.

L'ordre de Pilate tranchait toute difficulté. Aben Adar et ses hommes s'occupèrent donc seulement des corps de Dimas et de Gestas, et laissèrent le corps du Christ à ses parents et à ses amis.

Alors, sur un rocher plat comme une table, et offrant toute facilité pour l'œuvre funéraire qui allait s'accomplir, les valets de Nicodème et de Joseph d'Arimathie déposèrent les deux ou trois petits tonneaux d'écorce qu'ils avaient apportés, et qui contenaient des aromates; plus quelques sacs de cuir renfermant les poudres différentes, et l'urne d'albâtre donnée par Claudia.

L'un deux versa à terre les marteaux, les tenailles, les éponges, les outres et les différents outils qu'il portait dans son tablier de cuir.

Puis, dans le recueillement et dans la tristesse, commença l'œuvre pieuse de la descente de croix.

Les soldats venus en dernier lieu pour briser les os des larrons, et les jeter dans le charnier qui, par suite de cette destination, avait reçu le nom de vallée des Cadavres, achevaient leur œuvre, traînant sur le versant méridional du Golgotha les corps des suppliciés et les croix qui devaient être jetées dans le gouffre avec eux, et laissaient le sommet du Calvaire tout entier à Longin, aux soldats de son escorte, et aux parents et aux amis de Jésus.

Nicodème et Joseph d'Arimathie placèrent chacun une échelle derrière la croix, et montèrent en tirant après eux un grand linceul auquel étaient solidement cousues trois courroies.

Leur premier soin fut de lier chaque bras à la traverse de la croix, et le corps à l'arbre; puis, sûrs de la solidité de leurs liens, ils commencèrent à détacher les clous des mains en les repoussant par la pointe à l'aide d'un autre clou.

Les clous tombèrent de la croix assez facilement, et sans que la secousse ébranlât trop les mains; cependant, à chaque coup de marteau, écho terrible de ceux qui avaient arraché à Jésus de si douloureux gémissements, la Vierge, les bras tendus vers le corps de son fils, poussait un soupir, et Madeleine, se roulant dans la poussière, jetait un cri.

Jean recevait dans son manteau les clous, à mesure qu'ils tombaient de la croix; quand il les eut tous les trois, il les baisa respectueusement, puis alla les déposer aux pieds de la Vierge, et revint aider Joseph et Nicodème à opérer la descente.

C'était surtout dans ce but qu'avait été apporté le linceul garni de courroies.

Une des échelles fut laissée derrière la croix, l'autre transportée devant.

Outre les crochets qui leur permettaient de se maintenir contre le croisillon, les échelles avaient à différentes distances, à cinq, à huit et à douze pieds de hauteur, d'autres crochets auxquels devaient s'adapter les courroies du suaire.

Deux de ces courroies furent attachées, l'une à la première échelle, l'autre à la seconde; un homme, avec une fourche passée dans la troisième courroie, forma une espèce de récipient, et un autre homme tint le quatrième coin, pour que, une fois dans le linceul, le cadavre pût, sans secousse, glisser jusqu'à terre.

On commença par dénouer la ceinture qui maintenait le corps de Jésus à l'arbre de la croix, et ses pieds furent posés sur la pente inclinée du drap; puis Nicodème délia le bras gauche; puis Joseph d'Arimathie, le bras droit; et, soulevé par Jean, le corps descendit doucement de la croix dans le suaire; quand il fut là, Nicodème, Joseph et Jean, sans le lâcher, descendirent marche à marche les degrés des échelles, soutenant le haut du corps, et prenant les mêmes précautions que si Jésus eût été vivant, et qu'ils eussent craint de renouveler ses douleurs.

Longin aidait, mais avec une certaine hésitation; — non qu'il doutât: depuis qu'il voyait, au contraire, il était complétement converti; mais il ne se sentait pas encore, lui profane, digne de toucher ce corps divin.

A part quelques soupirs poussés par

la Vierge, à part quelques sanglots échappés à Madeleine, il se faisait un grand silence, silence solennel et pieux que ceux qui travaillaient, pris d'un suprême respect, n'interrompaient que de temps en temps, et en cas d'absolue nécessité, pour se parler à voix basse, et s'entr'aider.

A chaque mouvement imprimé à ce corps bien-aimé, la Vierge et les saintes femmes craignaient d'entendre un cri sortir de la bouche de Jésus ; — à chaque mouvement, elles s'affligeaient de ce que cette bouche restât muette, et prouvât ainsi que son dernier cri était jeté.

Quand Jésus fut complétement descendu, sans cesser de tendre les bras à son fils, la Vierge s'assit à terre sur une couverture préparée à cet effet, et indiqua qu'elle réclamait ce droit maternel, si chèrement acheté, de rendre les derniers devoirs à son fils.

Jean, Nicodème et Joseph apportèrent le corps de Jésus, et le déposèrent sur les genoux de la Vierge, tandis que Marie Cléophas et Salomé glissaient leurs manteaux roulés entre le dos de la sainte mère et le rocher contre lequel elle était appuyée, afin de lui rendre aussi facile que possible la triste tâche qu'elle allait accomplir.

Madeleine s'était traînée à genoux jusqu'aux pieds du Christ, et, sans oser les toucher, la tête penchée dessus, elle les arrosait de ses larmes.

Les yeux de Jésus étaient restés ouverts; la première idée de la Vierge fut de les fermer avec ses lèvres ; mais un sentiment de respect l'arrêta : Jésus mort n'était plus son fils que par l'amour qu'elle lui portait ; Jésus mort était un Dieu !

Elle lui ferma doucement les yeux.

Puis elle se mit en devoir de retirer la couronne d'épines.

Cette couronne n'était pas facile à détacher du front : le poids de la croix d'un côté, et, de l'autre, la chute qu'avait fait Jésus, l'avaient profondément enfoncée dans la tête. La Vierge coupa chacune des épines adhérentes au crâne, puis elle enleva la couronne, qu'elle posa près des clous. Restaient les épines : Marie les tira, une à une et avec des tenailles, des plaies qu'elles avaient faites, et les déposa près de la couronne.

Pendant ce temps, les hommes préparaient, à quelques pas de là, les aromates, les poudres et les parfums nécessaires à l'embaumement, et, sur un feu de charbon allumé entre deux rochers, les femmes faisaient tiédir de l'eau dans un bassin de cuivre.

Après avoir retiré la couronne d'épines, la Vierge lava doucement le beau et mélancolique visage de Jésus, sur lequel la mort venait de poser le sceau de sa suprême majesté; ce visage, méconnaissable, reprenait peu à peu, sous la main pieuse d'une mère, son ineffable expression de douceur et de miséricorde.

Et Madeleine, le contemplant les mains jointes, ne disait rien autre chose que ces mots :

— Mon beau Seigneur Jésus!... Jésus, mon beau Seigneur!...

Le visage de son fils lavé, la Vierge sépara les cheveux sur le haut de la tête, et les fit passer derrière les oreilles; puis elle peignit la barbe, parfuma barbe et cheveux, et continua la pénible opération.

Hélas! tout ce corps divin n'était qu'une plaie, et la vue de chaque plaie ouvrait une plaie pareille dans le cœur de la pauvre mère!

L'épaule était entamée par une affreuse blessure qu'avait faite l'angle de la croix; toute la poitrine était meurtrie et labourée des coups que Jésus avait reçus soit pendant la flagellation, soit pendant le dernier voyage; sous la mamelle gauche était la petite plaie par laquelle était sortie la pointe de la lance de Longin ; entre les côtes inférieures du côté droit, la large plaie par laquelle elle était entrée...

Marie lava toutes ces plaies l'une après l'autre, et, sous l'eau parfumée qui ruisselait de sa main, le corps reparaissait blanc et marbré de ces teintes bleuâtres particulières aux cadavres dont tout le sang s'est écoulé ; seulement, aux places où la peau avait été meurtrie ou arrachée, les taches étaient brunes ou rouges, selon que la plaie avait été plus ou moins vive.

Chaque blessure fut enduite de nard et couverte de parfum ; les blessures des mains et des pieds furent embaumées comme les autres ; seulement, avant de croiser pour jamais les mains de son divin fils dans le linceul, la Vierge y appuya doucement et respectueusement les lèvres.

Alors, dans un abattement profond, et comme si ses forces eussent été mesurées au temps que devait durer l'œuvre de l'ensevelissement, elle laissa, immobile et presque évanouie, tomber sa tête sur la tête de Jésus.

Lorsqu'elle rouvrit les yeux, et regarda autour d'elle, elle vit Joseph et Nicodème debout devant elle, et attendant.

Jean était à genoux.

— Que voulez-vous? demanda la Vierge presque avec terreur.

Jean, alors, lui expliqua que le temps passait, que l'heure où allait s'ouvrir le jour du sabbat était proche, et qu'il lui fallait se séparer du corps de son fils.

Marie laissa tomber ses deux mains à ses côtés, et, renversant sa tête en arrière :

— Prenez-le donc! dit-elle.

Puis, levant ses deux mains jointes au ciel :

— O mon fils! mon divin fils! dit-elle, donne-moi la force de te dire adieu!...

Pendant ce temps, Joseph et Nicodème tirèrent doucement le corps de Jésus de dessus les genoux de sa mère, et l'emportèrent avec le drap dans lequel il était couché.

Lorsque la Vierge sentit ses genoux déchargés du poids divin, elle poussa un cri de douleur, et laissa retomber ses mains à terre, et sa tête sur sa poitrine.

Elle resta ainsi jusqu'à ce que, le corps étant embaumé, serré dans ses bandelettes, et enveloppé dans son suaire, Jean la vint chercher pour qu'elle accompagnât jusqu'au tombeau les restes mortels de son fils.

Ce tombeau était celui que Joseph d'Arimathie avait fait creuser pour lui-même dans le jardin qu'il possédait sur le versant du Golgotha; il était long de huit pieds, et était situé à quarante pas de l'endroit où Jésus avait été crucifié.

Le cortége funèbre se mit en marche : le corps était placé sur une civière recouverte du manteau de Jean; Nicodème et Joseph portaient les brancards antérieurs; Jean et Longin, les deux autres. — Des soldats les précédaient avec des torches, car la nuit était venue, et l'obscurité se doublait sous la voûte sombre qui recouvrait le sépulcre.

Derrière le corps venait Marie, soutenue par Madeleine, Salomé et Marie Cléophas. — Véronique, Jeanne Chusa, Suzanne, et Anne, nièce de Joseph, les rejoignirent en route.

On s'arrêta à l'entrée du jardin de Joseph d'Arimathie; mais, comme il n'était fermé que par quelques pieux, on enleva ces pieux, et l'on put passer.

Le caveau était ouvert, et attendait le précieux dépôt.

Les saintes femmes s'assirent à la porte; la Vierge entra seule avec les hommes. Madeleine se mit à cueillir les plus belles fleurs du jardin

La Vierge remplit d'aromates la couche creusée dans le roc, et fit un oreiller d'herbes odoriférantes pour l'endroit où devait reposer la tête ; alors, les hommes, ayant mis la civière à terre, étendirent un drap dans le sépulcre, et, ensuite y couchèrent le corps en rabattant le drap, d'abord sur les pieds, puis sur la tête, puis sur les deux côtés.

Pendant tout ce temps, la Vierge était assise au fond du caveau, et pleurait.

On allait refermer la pierre du sépulcre, lorsque Madeleine entra avec une large brassée de fleurs.

— Attendez ! attendez ! dit-elle.

Et elle sema les fleurs sur le linceul du Christ en murmurant :

— Heureuses fleurs !...

Alors, Joseph, Nicodème, Jean et

Longin firent glisser à eux quatre la lourde pierre sur le tombeau auquel elle servait de couvercle, poussèrent doucement et respectueusement devant eux la Vierge et Madeleine, et sortirent de la grotte, dont ils fermèrent la porte derrière eux.

On rentra dans la ville; aux premiers pas qu'on y fit, on rencontra Pierre, Jacques le Majeur et Jacques le Mineur; tous trois pleuraient, mais Pierre plus amèrement que les autres : il ne pouvait se consoler de ne point avoir assisté à la mort et à l'embaumement de Jésus, et, à chaque instant, il murmurait en se frappant la poitrine :

— Pardonne-moi de t'avoir renié, mon divin maître! pardonne-moi! pardonne-moi!...

Les hommes rentrèrent au cénacle, changèrent d'habits, mangèrent à la hâte le reste de la pâque de la veille, tandis que les saintes femmes rentraient, à la suite de Marie, dans la petite maison située au pied de la forteresse de David, et où les attendait Marthe, arrivée de Béthanie avec Dina, la Samaritaine, et la veuve de Naïm, dont le fils avait été ressuscité par Jésus.

Quant à Longin, il se rendit droit chez Pilate pour lui faire son rapport. Pilate avait déjà reçu celui du centurion Aben Adar; il écouta néanmoins le récit de Longin.

Le procurateur était fort ébranlé : ce que lui avait dit sa femme pendant la nuit précédente, ce qu'il avait vu de ses yeux dans la journée, ce que lui racontait Longin, tout cela formait une chaîne non interrompue de faits miraculeux, d'événements surnaturels qui causait un violent doute dans son esprit.

Cependant, il s'efforça de sourire.

—Écoute, répondit-il à Longin, les princes des prêtres et les pharisiens sortent d'ici. « Seigneur, m'ont-ils dit, cet imposteur qui vient d'être mis à mort sur ton arrêt, n'a pas craint d'annoncer qu'il ressusciterait trois jours après sa mort. Commande donc que son sépulcre soit gardé pendant trois jours, de peur que, nuitamment, ses disciples ne viennent dérober son corps, et ne prétendent ensuite qu'un nouveau miracle s'est opéré. » Alors, je leur ai dit : « Vous avez des soldats, faites-le donc garder comme vous voudrez, et, j'en suis sûr, il sera encore mieux gardé par vos soldats que par les miens... »

— En effet, reprit Longin, en venant chez toi, seigneur, j'ai rencontré le centurion Aben Adar et six hommes qui s'acheminaient du côté du Golgotha.

— C'est cela, dit Pilate. Eh bien, joins-toi à eux, et, s'il se passe quelque chose d'extraordinaire, accours m'en instruire à l'instant même.

— Mais, objecta Longin, si Aben Adar me renvoie comme n'étant point de ceux qu'a désignés le grand prêtre, que ferai-je?... Aben Adar est mon chef, et je suis forcé de lui obéir.

— Tu diras que tu viens de ma part... D'ailleurs, je te fais centurion comme lui; va revêtir les insignes de ton grade, et rends-toi au tombeau.

Longin s'inclina et sortit.

En arrivant au sépulcre, il y trouva Aben Adar et ses six hommes; deux étaient assis dans la grotte, et quatre gardaient la porte. Pour plus de sûreté, on venait de faire sceller par un serrurier et par un plombier la pierre qui couvrait le corps de Jésus.

Toute la journée du lendemain, qui était celle du sabat, se passa, selon l'habitude israélite, dans la prière et dans le repos. — Que firent Marie et les saintes femmes pendant cette journée? La réponse est facile : elles pleurèrent!

Puis, lorsque eut commencé la journée du dimanche, elles se procurèrent de nouveau du nard, des parfums et des aromates, voulant une dernière fois embaumer le corps de Jésus.

Il était trois heures du matin, à peu près, lorsqu'elles eurent réuni tous les objets dont elles avaient besoin. Elles partirent de la petite maison de Marie, et, craignant que la porte Judiciaire ne fût gardée, et qu'on ne les empêchât de sortir par cette porte, elles passèrent de la cité de David dans la ville inférieure, suivirent la vallée de Tyropéon, sortirent par la porte des Poissons, contournèrent toute la face occidentale de la ville, passant entre le mont Gihon et le gouffre des Cadavres, et, au moment où les premières lueurs du jour apparaissaient sur le mont des Oliviers, elles atteignirent le pied du Golgotha.
— La Vierge était restée en arrière, et devait les rejoindre.

La porte ou plutôt l'ouverture du

jardin était libre. Les saintes femmes entrèrent, Madeleine d'abord, les autres ensuite; celles-ci formaient un groupe timide et tremblant qui s'arrêta près de la porte.

Mais, au cri que poussa Madeleine en approchant du tombeau, elles accoururent.

Les soldats étaient renversés la face contre terre; la pierre de la tombe était descellée, le sépulcre vide, et, debout au chevet, se tenait un bel adolescent vêtu d'une longue robe blanche, avec des ailes aux épaules et une auréole autour de la tête!

C'est à cette vue que Madeleine avait jeté un cri.

Mais l'ange, étendant la main vers elle et vers les saintes femmes:

— Ne craignez rien, dit-il ; vous cherchez Jésus de Nazareth, qui a été crucifié... Il n'est plus ici, car, cette nuit, il est ressuscité et est remonté au ciel, où il avait sa place à la droite de son père!... Maintenant, allez dire à Pierre et aux autres disciples, que Jésus va devant vous en Galilée, et que vous le retrouverez sur le Thabor.

Les saintes femmes, à cette voix, à cette apparition, en face de ce sépulcre ouvert, de ces soldats renversés et que, dans leur immobilité, on eût pu croire morts, ressentirent une effroyable épouvante ; elles revinrent sur leurs pas tout effarées, fuyant chacune selon sa force, et criant :

— Malheur! malheur! ils ont enlevé le Seigneur de son sépulcre, et nous ne savons pas où ils l'ont mis!...

Mais Madeleine resta ; le saint amour qu'elle portait au Christ était si profond, qu'il n'y avait pas, dans son cœur, place pour un autre sentiment. Elle tomba à genoux, sanglotante et les bras tendus vers le sépulcre vide.

Alors, l'ange la regarda, et, d'une voix pleine de miséricorde :

— Pourquoi pleures-tu, femme ? lui demanda-t-il.

— Oh ! je pleure, dit Madeleine, incrédule aux paroles de l'ange, je pleure parce qu'ils ont enlevé le corps de mon Seigneur bien-aimé, et que je ne sais pas où ils l'ont mis.

Mais, en même temps, elle aperçut comme une lueur à côté d'elle, et, se retournant, elle vit un homme debout, et une bêche à la main.

— Femme, dit cet homme répétant la question de l'ange, pourquoi pleurez vous?

Et elle, pensant qu'elle parlait au jardinier de Joseph, lui répondit :

— Oh! mon ami, si c'est vous qui l'avez enlevé, dites-moi où vous l'avez mis?

Mais, alors, ce jardinier, qui n'était autre que Jésus, prononça de sa voix naturelle, et de son plus doux accent :

— Madeleine!...

A ce mot, Madeleine tressaillit, et, avec un cri plein de joie :

— Mon doux maître! s'écria-t-elle.

Et elle se jeta aux genoux de Jésus.

— Madeleine, dit le Christ, je t'ai

promis, en récompense de ton amour, que tu serais la première à laquelle j'apparaîtrais... Tu vois que je tiens ma parole.

Madeleine cherchait, pour les baiser, les pieds de Jésus, et ne trouvait qu'une insaisissable vapeur.

— Et, maintenant, continua Jésus, va dire à Pierre et aux autres disciples ce que tu as vu et entendu, et qu'ils aillent m'attendre sur le Thabor.

Puis, comme un nuage qui se volatilise et s'évanouit peu à peu, le corps céleste devint de plus en plus transparent, et finit par se fondre et par disparaître dans l'éther.

Aussitôt, Madeleine se leva, et, toute éperdue, sortit en criant :

— Joie à tous! le Seigneur est ressuscité!...

Et ce fut ainsi que, par la voix d'une pauvre pécheresse, le monde apprit que son Rédempteur était monté au ciel.

Alors, un des soldats couchés à terre parut se réveiller; il ouvrit les yeux, et, se soulevant sur son coude :

— Qu'est-il donc arrivé? demanda-t-il à ses camarades; j'ai senti le sol trembler sous mes pieds, et je suis tombé le front dans la poussière!

Et un second soldat, revenant à lui, balbutia :

— Ai-je rêvé, ou ai-je bien réellement vu une flamme descendre du ciel, et entrer dans ce tombeau?

Et un troisième soldat dit :

— Amis, l'avez-vous vu comme moi?

Il a brisé la pierre du sépulcre avec sa tête, et il est monté tout resplendissant au ciel !

Aben Adar se dressa à son tour sur ses pieds.

— Que tous ceux qui vivent encore, dit-il, se lèvent, répondent et se nomment.

Les six soldats se levèrent ensemble, chacun disant.

— Me voici !

— Bien, fit le centurion, il ne nous manque que Longin.

Longin était allé rendre compte à Pilate de ce qu'il avait vu.

— Amis, notre tâche est terminée, reprit alors Aben Adar ; allons au palais de Caïphe. Attestez comme moi ce que vous avez vu, et annonçons au grand prêtre et au conseil des sénateurs que le sépulcre est vide.

Aben Adar, suivi de ses soldats, quitta précipitamment le jardin, et le sépulcre resta sous la garde de l'ange.

Et c'est ce sépulcre — le seul qui n'aura rien à rendre au jour du jugement — que le monde chrétien adore, depuis dix-huit cents ans, sous le nom du SAINT SÉPULCRE.

Car le prophète Isaïe avait dit :

« Son sépulcre sera glorieux ! »

Dieu accorde à celui qui écrit ces lignes la grâce d'y faire son humble prière avant que de mourir !

CHAPITRE XXI.

APOLLONIUS DE TYANE.

O Corinthe! Corinthe! toi que les heureux de la terre avaient seuls autrefois le privilége de visiter; Corinthe, qui n'offres plus au voyageur arrivant aujourd'hui par la route de Némée qu'une pauvre ville fortifiée au-dessus des murs de laquelle s'élèvent sept colonnes, derniers débris d'un temple dont on ignore le dieu; Corinthe, fille d'Éphyre, sœur d'Athènes et de Sparte, patrie de Sisyphe et de Nélée, royaume de Médée et de Jason, que tu devais être belle, le jour où Apollon et Neptune, amoureux de toi, réclamèrent ensemble ta possession, et, ne voulant y renoncer ni l'un ni l'autre, prirent pour arbitre le titan Briarée, qui t'adjugea au dieu de la mer, à la condition que la montagne qui te domine appartiendrait au dieu du jour!

Corinthe! Corinthe! toi que Vénus aimait tant, qu'elle accorda ton salut aux prières de tes courtisanes, ses prêtresses; toi qui, après avoir acheté, des Athéniens, Laïs pour esclave, en faisais ta fille la plus chérie, et lui bâtissais un tombeau surmonté d'une lionne tenant un bélier sous sa griffe, groupe merveilleux qui symbolisait son irrésistible pouvoir ! Corinthe, qui te désaltérais aux pleurs intarissables versés par une nymphe sur la mort de son fils, que la déesse de la chasse avait, involontairement, percé de l'une de ses flèches ; Corinthe, que tu devais être belle, au jour où tes jeux isthmiques attiraient la Grèce entière sur l'étroite digue qui sépare le golfe Saronique de la mer d'Alcyon, et où, gracieusement et mollement étendue sur la pente de la montagne sacrée, tu voyais entrer dans ton double port les vaisseaux de Tyr et de Massilia, d'Alexandrie et de Cadix, qui venaient entasser dans tes vastes entrepôts les richesses de l'orient et de l'occident !

Corinthe ! Corinthe ! toi qui avais des

rues où les temples étaient aussi nombreux que les maisons, des places où les statues poussaient comme dans un champ les épis; Corinthe, qui, lorsque tu regardais à l'est, voyais Athènes; au nord, Delphes ; à l'ouest, Olympie ; au midi, Sparte; Corinthe, à qui Salamine, Marathon, Platée, Leuctres et Mantinée faisaient une ceinture de victoire sur laquelle étaient brodés les noms de Thémistocle, de Miltiade, de Pausanias, d'Épaminondas et de Philopœmen; Corinthe, que tu devais être belle, lorsque Aratus, après t'avoir délivrée des Macédoniens, tes vainqueurs, te fit entrer dans la ligue achéenne, qui devait causer ta perte en soulevant contre toi Rome, la conquérante du monde, laquelle, hélas! de toute la Grèce allait bientôt faire une seule province, et, de cent villes libres, une chaîne de cités esclaves!

Corinthe! Corinthe! toi qu'un vainqueur sans pitié livra à un incendie de huit jours, et qui, de l'or de tes vases, de l'argent de tes trépieds, du bronze de tes statues, fondus par la flamme qui te dévorait, créas un métal plus précieux qu'aucun de ceux que la terre mûrit dans ses entrailles; Corinthe, toi qui échappas à Xerxès et qui succombas sous Mummius; Corinthe, que tu devais être belle, lorsque, sortant de tes ruines, tu te relevas toute de marbre aux mains de Jules César et d'Auguste, plus riche que tu ne l'avais jamais été, avec ton théâtre, ton stade, ton amphithéâtre, tes temples à Neptune, à Palæmon, aux Cyclopes, à Hercule, à Cérès, à la Persuasion et aux Courtisanes, — dont les prières t'avaient sauvée une première fois, et ne purent te sauver une seconde; — avec tes statues d'Amphitrite, d'Ino, de Bellérophon, de Vénus, de Diane, de Bacchus, de la Fortune, de tes deux Mercure, de tes trois Jupiter et de tes cent athlètes vainqueurs; avec tes bains d'Hélène, tes bains d'Euriclès, tes bains d'Octavie; enfin, avec tes tombeaux de Xénophon, de Diogène, des enfants de Médée, des Scyoniens et de Lycus de Messène !

Aussi, belle Corinthe, toi que n'avait pas encore ruinée la triple moisson de statues et de tableaux que Rome vint successivement enlever à tes temples, à tes places et à tes promenades, combien dut-il te sembler étrange de voir, un jour, vers la fin du mois *hélaphébolion*, un voyageur descendre de l'un de ces légers bâtiments qui glissent comme des alcyons entre les îles de la mer Égée; passer au pied du pin solitaire qui s'élevait sur ton rivage oriental; laisser à sa gauche, l'autel de Mélicerte; à sa droite, le bois de cyprès entourant l'enceinte consacrée à Bellérophon; s'informer au gardien de la porte de Cenchrées où il rencontrerait le philosophe Apollonius de Tyane, et, — sur la réponse de cet homme, qu'il trouverait probablement le personnage qu'il cherchait dissertant avec ses disciples sous les platanes qui ombragent la fontaine Pyrène, — commencer, sans même jeter un coup d'œil dans l'intérieur de la ville, à gravir le tortueux sentier qui conduisait au sommet de l'Acro-Corinthe.

Celui que demandait le voyageur était, en effet, à l'endroit indiqué ; et il n'y avait rien d'étonnant à ce que la première personne à laquelle le nouveau débarqué s'était adressé lui eût répondu d'une manière aussi précise : depuis un mois, le philosophe dont le nom emplissait alors le monde d'étonnement et d'admiration était arrivé à Corinthe accompagné de cinq ou six de ses disciples avec lesquels il venait de visiter l'Asie, l'Inde, l'Égypte et l'Italie; or, on comprend que la curiosité qui s'attachait à cet homme extraordinaire avait fixé sur lui tous les regards dès le moment où, — contrairement à notre inconnu, qui était arrivé par le golfe

Saronique, et avait abordé au port de Cenchrées, — il était arrivé, lui, par la mer d'Alcyon, et était débarqué au port de Lechée.

C'est que personne plus qu'Apollonius de Tyane ne concentrait en soi tous les merveilleux éblouissements qui, à cette époque surtout, élevait un homme, du rang des sages, des philosophes et des héros au rang des demi-dieux : génie, renommée, beauté, naissance presque divine, il avait tout!

Soit science acquise, soit don de la nature, soit faveur du ciel, Apollonius, en effet, jouissait de ces avantages qui frappent, au premier aspect, et les esprits vulgaires et les âmes élevées. Quoique âgé de près de soixante ans, il semblait à peine avoir franchi le cercle de la première jeunesse; sans qu'on l'eût vu s'adonner ostensiblement à l'étude des langues, tous les idiomes du monde connu lui étaient familiers, et parfois même, écoutant avec attention le murmure des arbres, le chant des oiseaux, ou le cri des animaux sauvages, il s'amusait à traduire à ceux qui l'entouraient ces différents sons de la nature, morte ou animée. Comme les disciples de Pythagore, il soutenait que les animaux avaient une âme, et n'étaient que des frères inférieurs de l'homme; comme Pythagore, il professait cette maxime, que Dieu est l'unité absolue et primordiale, que le monde est un tout harmonieusement combiné dont le soleil est le centre; tandis que les autres corps célestes, ses satellites seulement, se meuvent autour de lui en formant une musique divine. De même que Dieu est l'unité au ciel, le bien, selon le philosophe de Samos, — et c'était aussi l'avis d'Apollonius, — le bien était l'unité, et, le mal, la diversité sur la terre. Ainsi que Pythagore, Apollonius était profondément versé dans les mathématiques, l'arithmétique, la géométrie l'astronomie et la musique; les nombres avaient pour lui des vertus prodigieuses, surtout le nombre X, et, à l'aide des nombres, il prétendait arriver à la connaissance des choses les plus abstraites. Une espèce de divination surhumaine, qu'il devait à une faveur particulière du ciel, lui permettait, en outre, de lire jusqu'au plus profond de la pensée des gens qui venaient à lui, avant même que ceux-ci eussent ouvert la bouche, et exprimé un désir, les vît-il pour la première fois, et lui fussent-ils aussi inconnus de réputation que de vue.

Il avait longtemps habité Égès, et avait passé presque tout le temps qu'il était resté en cette ville à étudier la médecine dans le temple d'Esculape, avec les sacrificateurs et les prêtres de ce fils d'Apollon, que ses bienfaits répandus sur l'humanité avaient fait mettre au rang des dieux; cette étude achevée, il avait opéré des cures qui pouvaient passer pour des miracles : il avait chassé un démon du corps d'un homme; il avait chassé la peste du sein d'un royaume ; il avait évoqué des morts, et avait causé avec eux ! Enfin, décidé à joindre aux sciences qu'il avait déjà étudiées en Grèce les sciences qu'il était permis d'acquérir en parcourant les autres pays, il était parti, avec deux ou trois de ses disciples seulement, pour un voyage immense; avait visité l'Asie Mineure, la Mésopotamie, Babylone; puis il avait franchi le Caucase, suivi les bords de l'Indus; s'était arrêté quelque temps chez le roi Phraote; avait pénétré dans l'Inde; était arrivé au château des Sages; avait conféré avec les brahmes les plus savants, et surtout avec Iarchas, qui était à l'Inde ce que lui, Apollonius, était à la Grèce; avait continué son voyage après s'être assuré qu'il n'avait rien à apprendre chez ces aînés du monde; était revenu par l'Égypte; s'y était lié avec Euphrate et Dion; avait expliqué les merveilles de Memnon;

avait essayé de retrouver les sources du Nil; était remonté plus loin que la troisième cataracte; y avait rencontré et apprivoisé un satyre; était redescendu jusqu'à Alexandrie, où il avait étonné toute l'école par un discours qu'il avait fait sur l'or que charrie le Pactole, et sur l'antiquité du globe; était arrivé à Antioche au milieu d'un tremblement de terre dont il avait expliqué la cause et prédit la fin; avait découvert un trésor qu'il avait abandonné à un pauvre père de famille qui avait quatre filles à marier; avait ramené à la raison un jeune homme amoureux de la statue de Vénus; avait guéri un malade de la rage; avait été reçu comme un dieu dans l'Ionie; était passé, de l'Ionie, dans l'Attique; puis, enfin, d'Athènes,

— en visitant Éleusis, et en traversant la Mégaride, — il était venu à Corinthe, où, depuis quelques jours, il tenait, comme nous l'avons déjà dit, tous les regards attachés sur sa personne.

Il faut dire aussi que les Corinthiens avaient, de tout temps, été grands amis du merveilleux, et que, sachant l'âge d'Apollonius, et attendant presque un vieillard, ils avaient été stupéfaits de voir arriver un homme de trente ans à peine — car c'était l'âge que paraissait Apollonius, — avec de beaux cheveux flottants retenus par un cercle d'or, une belle barbe noire élégamment frisée, à la manière asiatique, des yeux vifs et pleins de jeunesse, marchant nu-pieds, et vêtu d'une longue robe blanche serrée à la taille par une ceinture de lin, et qui formait son seul et unique vêtement. Alors, ils avaient eu grande peine à croire que cet homme fût Apollonius; mais un vieillard qui avait habité Tyane dans sa jeunesse avait raconté la merveilleuse naissance du philosophe, et les Corinthiens, voyant dès lors en lui, non plus un homme, mais un demi-dieu, avaient cessé de douter.

Cette tradition poétique de la naissance d'Apollonius, la voici :

Apollonius, comme l'indiquait la seconde partie de son nom, était né à Tyane, ville de la Cappadoce située entre Tarse et Césarée. Sa mère, étant enceinte, rêva qu'elle voyait Protée, fils de Neptune et de Phénice, et qu'ayant demandé au dieu quel enfant elle mettrait au monde, celui-ci lui avait répondu:

« Un autre Protée ! » A cette prédiction étrange, — car, chez les anciens, les rêves extraordinaires passaient presque toujours pour des prédictions, — à cette prédiction étrange, disons-nous, la mère d'Apollonius s'était informée auprès d'une sibylle en grande vogue dans les environs, et celle-ci avait répondu à son tour que, par ces mots : « Vous mettrez au monde *un autre Protée,* » le dieu avait voulu dire que l'enfant qui naîtrait d'elle revêtirait, relativement à la science, autant de formes que le dieu Protée en revêtaient relativement à la matière. — Apollonius de Tyane était donc désigné d'avance comme l'homme le plus savant qui dût jamais exister.

Et, lors de cette naissance, tous les présages indiquèrent, d'ailleurs, que celui qui allait voir le jour n'était pas un enfant ordinaire. Sur le point d'accoucher, sa mère fit un second rêve : elle songea qu'en se promenant dans une prairie située à un quart de lieue à peu près de Tyane, elle trouvait, à chacun de ses pas, des fleurs si belles, si rares, si inconnues, qu'elles étaient dignes d'être offertes en hommage sur les autels de Flore. Le matin même de la nuit où elle avait fait ce rêve, elle voulut aller visiter cette prairie, célèbre, en outre, pour sa fontaine Asbamée, qui, froide à sa source, et bientôt bouillante, frappait les parjures de maux si cruels, lorsqu'ils y trempaient leurs mains, soit volontairement, soit comme épreuve forcée, que, après avoir fait quelques pas pour s'éloigner de ces eaux merveilleuses, ils s'arrêtaient vaincus par la douleur, et, se roulant dans des tortures atroces, étaient obligés de confesser leur crime.

Eh bien, la prairie, chose inouïe! était toute couverte de ces magnifiques fleurs étrangères à la contrée; aussi, dès qu'elles furent arrivées près de la fontaine, les suivantes de la mère d'Apollonius s'éparpillèrent-elles comme des nymphes, luttant à qui composerait le plus riche bouquet. Pendant ce temps, au lieu de suivre l'exemple de ses femmes, la mère d'Apollonius, se sentant prise d'un irrésistible sommeil, s'endormit sur le gazon; alors, un troupeau de cygnes blancs comme la neige, et qui paissaient dans la prairie, commença de former un cercle immense, et, resserrant toujours ce cercle, arriva à envelopper entièrement la dormeuse; puis, comme s'ils eussent obéi à un ordre céleste, tous se mirent à chanter harmonieusement, et à battre des ailes pour rafraîchir l'air; au bruit de ce chant presque divin, à l'impression de cet air si doux, la dormeuse se réveilla, ouvrit les yeux, et, dans l'étonnement que lui causait le spectacle étrange qui s'offrait à sa vue, elle mit au jour le plus bel enfant qui eût été vu depuis que les déesses avaient cessé d'accoucher sur la terre.

Cet enfant, c'était ce même Apollonius de Tyane, qui, au sommet de l'Acrocorinthe, debout, vêtu d'une longue robe blanche, les cheveux pressés autour des tempes par un cercle d'or, la barbe frisée à la manière des Perses, ayant la fontaine Pyrène à ses pieds, et l'ombre des platanes sacrés sur sa tête, discutait avec ses disciples, non-seulement les plus hautes questions de la philosophie pythagoricienne, mais encore celles des autres sectes, qui lui étaient tout aussi familières que si les âmes de Zénon, d'Aristote, de Platon, de Chrysippe, se fussent fondues dans la sienne.

De ce haut sommet, — d'où ils dominaient les deux mers et tout le pays environnant : à l'est, jusqu'au cap Sunium ; au nord, jusqu'au mont Cithéron ; à l'occident, jusqu'à l'Achaïe ; au midi, jusqu'à Mycènes ; — Apollonius et ses disciples voyaient s'avancer vers eux, par le chemin abrupt montant à la citadelle, cet homme qui, une demi-heure auparavant, était débarqué au port de Cenchrées.

A mesure qu'il approchait, et comme il paraissait évident que c'était à Apollonius qu'il avait affaire, l'attention des disciples qui entouraient l'illustre philosophe se détournait peu à peu de la discussion, et se fixait sur le voyageur. Contre son habitude, Apollonius, auquel il suffisait d'un coup d'œil pour juger un homme, dire quel était son pays, son âge, sa religion, et jusqu'au sentiment qui le préoccupait; contre son habitude, disons-nous, Apollonius regardait venir ce voyageur avec une curiosité qui tenait de l'étonnement. Alors, comme cet étonnement se trahissait à la fois et par son silence, et par la fixité de son regard, et par son doigt qui se levait lentement et se rapprochait de ses lèvres, un de ses disciples nommé Philostrate lui dit :

— Maître, quel est cet inconnu qui nous arrive, et dont l'approche paraît si fort te préoccuper?... que te veut-il ? Est-ce un ami? est-ce un ennemi? est-ce un admirateur de ta doctrine? est-ce un adversaire de notre école? ou plutôt n'est-ce point un simple messager de ces rois chez lesquels nous avons séjourné, ou de ces sages avec lesquels nous avons vécu?

Apollonius secoua la tête.

—Ce n'est rien de tout cela, dit-il, et c'est quelque chose de plus que tout cela... Cet homme n'est point un messager de la royauté ou de la science : cet homme vient pour son propre compte; nos doctrines et nos écoles le préoccupent peu; quelque chose de plus actif que la discussion, — l'action elle-même emplit sa pensée; il se présente plutôt en ami qu'en ennemi; des extrémités du monde, il vient pour chercher en moi un auxiliaire : il le trouvera. L'adversaire qui lui est échu est digne de nous; car il est autant au-dessus des hommes ordinaires que la cime de ces platanes est au-dessus de cette source, que cet aigle qui plane dans les nuages est au-dessus de la cime de ces platanes. Enfin, à la honte de la science, je dois vous avouer, à vous, mes chers disciples, que son but est si élevé, qu'il m'échappe, et que la question qu'il doit me faire est si difficile, et si supérieure aux questions qu'ont l'habitude de faire les simples mortels, que je serai obligé de lui répondre : « Je ne sais pas ! »

Les disciples se regardèrent avec surprise : c'était la première fois qu'ils entendaient ces mots sortir de la bouche du maître.

— Mon humilité vous étonne, reprit en souriant Apollonius ; mais souvenez-vous de ceci, c'est que la vraie sagesse est dans le doute, et que les seuls savants réels sont ceux-là qui, de temps en temps, osent à certaines questions répondre : « Je ne sais pas ! »

— N'importe ! repartit un second disciple nommé Alcmeon, dis-nous toujours, de cet homme, ce que tu en sais.

— C'est un caractère sombre et altier, dit Apollonius, et, si, comme notre divin maître Pythagore, il a assisté au siége de Troie, ce dut être sous le nom d'Ajax fils d'Oïlée, ce grand contempteur des dieux?

— Mais d'où vient-il? demanda un troisième disciple.

— Sa trace se perd au bord des rivages, aux limites des déserts, aux lisières des forêts... D'où il vient? De l'Inde... Où il a été depuis qu'il marche? Dans des pays si lointains, que nous n'en savons pas même les noms!... Sur cette question qu'il se dispose à me faire, et pour laquelle je serai obligé de le renvoyer à un autre que moi, il a tout interrogé : mages de l'Asie, prêtres de l'Égypte, brahmes de l'Inde, et nul n'a pu lui répondre.

— Mais, enfin, cette question qu'il

se dispose à t'adresser, la connais-tu?

Apollonius regarda avec une nouvelle attention le voyageur, qui n'était plus qu'à vingt pas de lui.

— Oui, dit-il.

— Que désire-t-il savoir?

— Où il retrouvera le rameau d'or d'Énée...

— Veut-il donc, comme Énée, descendre jusqu'aux enfers?

— Il veut aller plus loin encore!

Les disciples se regardèrent de nouveau; seulement, leur surprise avait dépassé l'étonnement, et arrivait à la stupéfaction.

— Et où veut-il donc aller, l'audacieux? demanda Philostrate.

— Silence! dit Apollonius; c'est là son secret, et, s'il m'est donné de pénétrer les secrets des autres hommes, il ne m'est point permis de les révéler.

S'avançant alors vers le voyageur, et lui tendant la main :

— Isaac Laquedem, lui dit-il, au nom de Jupiter Hospitalier, Apollonius de Tyane te salue !

Le voyageur s'arrêta tout étonné, mais sans répondre, ni de la voix, ni de la main.

— Tu ne me réponds pas, reprit Apollonius avec le doux et bienveillant sourire qui lui était habituel ; ce n'est, cependant, point faute de me comprendre : quoique tu sois un fils de Moïse, tu n'en connais pas moins la langue d'Homère.

— C'est vrai, répondit Isaac, — car c'était bien le voyageur maudit auquel

Apollonius s'adressait, — je comprends, mais je doute.

— De quoi doutes-tu?

— Je doute que tu sois vraiment Apollonius de Tyane.

— Et pourquoi cela?

— Parce que Apollonius de Tyane est né dans la douzième ou treizième année du consul d'Auguste, qu'il a étudié à Tarse avec le stoïcien Antipater, le philosophe Archedamus, les deux Athénodore, et que, par conséquent, il doit avoir aujourd'hui près de soixante ans... tandis que, toi, tu parais à peine la moitié de cet âge.

— Ne sais-tu pas mieux que personne, Isaac, répondit Apollonius, qu'il y a des hommes qui ne vieillissent pas?

Isaac tressaillit.

— Voyons, continua Apollonius, tu as une lettre à mon adresse : remets-la-moi.

— Si tu sais que j'ai une lettre pour toi, tu dois savoir aussi de qui est cette lettre.

— Elle vient d'un homme que tu as trouvé sur une colline située au centre du monde; il y habite, avec six autres sages, un palais visible ou invisible, à la volonté de ses habitants. Lorsque Bacchus envahit l'Inde avec Hercule, la forteresse qui surmonte cette colline refusa de se rendre : les deux fils de Jupiter ordonnèrent aussitôt aux satyres qui les accompagnaient d'y donner l'assaut; mais les satyres furent repoussés. Hercule et Bacchus s'informèrent alors quelle garnison tenait cette citadelle, et ils surent que cette garnison n'était composée que de sept sages ; mais que, comme ces sages étaient les plus savants hommes de la terre, leur sagesse réunie avait une telle force, qu'elle pouvait lutter contre les dieux. Ils respectèrent donc cette colline, qui, depuis ce jour, a constamment été habitée par les sept brahmes les plus savants de l'Inde. — Tu viens à moi au nom de leur chef, et ce chef se nomme Iarchas.

— C'est vrai... Maintenant, sur quel siége était-il assis en me remettant cette lettre?

— Sur un siége d'airain noir entouré de statues d'or.

— Que m'a-t-il dit à propos de la

question que je lui ai adressée, et sur laquelle il n'a pu me satisfaire?

— Qu'il te serait répondu trois fois : « Je ne sais pas ! » avant qu'on te répondît : « Je sais ! »

— Et à quel signe dois-je te reconnaître?

— En me faisant trois questions à ton choix, sur les animaux, les choses ou les hommes qui m'entoureront.

— C'est cela, dit Isaac tirant des plis de son manteau un parchemin roulé ; tu es bien véritablement Apollonius de Tyane, et voici la lettre d'Iarchas.

Apollonius décacheta cette lettre, en baisa la signature, et, après avoir lu, se retournant vers le voyageur :

— Maintenant, dit-il, Isaac, en attendant que cette grande question qui te préoccupe soit résolue par un plus savant que moi, quelles sont les questions secondaires que tu as à m'adresser?

Isaac chercha des yeux autour de lui, et, voyant un moineau qui arrivait à tire-d'aile, voyant un arbre qui tremblait de toutes ses branches, quoiqu'il n'y eût pas un souffle de vent; voyant une femme jeune et belle qui sortait du temple de Vénus Armée :

— Je désire savoir, répondit-il, ce que ce moineau vient dire à ses compagnons qui picorent si pauvrement sur le chemin; je désire savoir pourquoi ce peuplier tremble sans brise; je désire savoir, enfin, quelle est cette femme?

CHAPITRE XXII.

LA FORÊT DE NÉMÉE.

Apollonius sourit en homme qui paraissait s'attendre à trois questions plus difficiles à résoudre :

Il écouta le rapide babillement de l'oiseau, et, se retournant vers Isaac :

— Ce qu'est venu dire ce moineau à ses compagnons, reprit-il, le voici mot pour mot. Il leur a dit : « Vous êtes bien fous de vous amuser à chercher ici quelques pauvres grains de millet, de navette ou de chènevis, tandis qu'un meunier a passé tout à l'heure derrière la forteresse, portant sur son âne un sac de blé qu'il va maudire; que le sac de blé a crevé, et que le chemin est tout couvert du grain qui s'en échappe. Venez vite! venez vite! tous les moineaux des environs sont déjà au festin, et, si vous ne vous pressez pas, il n'y en aura plus pour vous. Venez vite! venez vite!

Et, en effet, juste au moment où Apollonius achevait de donner cette explication à Isaac, tous les moineaux, qui semblaient avoir écouté avec la plus grande attention ce que leur avait dit ou plutôt chanté leur camarade, s'envolèrent à tire-d'aile, et allèrent s'abattre à une centaine de pas de là.

— Mais, demanda Isaac, qui me dit

que vous avez compris le chant de cet oiseau, et que la traduction est exacte?

— Oh! c'est bien facile, dit Apollonius; viens, et tu verras.

Alors, Isaac et Apollonius, suivis des disciples de ce dernier, firent un léger détour, et, par ce détour, arrivèrent au point culminant du chemin qu'avait indiqué Apollonius; de là, le regard pouvait suivre la route pendant une longueur de cinq ou six stades.

La route était toute semée de blé, et toute couverte d'oiseaux joyeux qui profitaient avec ardeur de la bonne fortune qui leur avenait; — dans le lointain, et presque à perte de vue, on apercevait encore le meunier, l'âne et le sac.

— C'est vrai! dit Isaac. Maintenant, passons au peuplier.

— Pourquoi le peuplier tremble-t-il, qu'il y ait ou qu'il n'y ait pas de brise, reprit Apollonius, je vais le savoir de lui-même.

Et, pendant quelques minutes, il écouta attentivement ce que lui racontait l'arbre avec la voix plaintive de son murmure.

Puis, quand il eut écouté, ainsi qu'un interprète chargé d'expliquer à un étranger une langue que lui seul comprend, il se retourna vers Isaac, et lui dit :

— Le dieu annoncé par Eschyle, le dieu qui devait mourir pour les hommes était cloué sur sa croix, et agonisait lentement en proie aux douleurs les plus affreuses... Où cela? continua Apollonius cherchant comme un homme qui voudrait saisir une image fugitive, où cela?... Je n'en sais rien... Quand cela? Je l'ignore...

Les poings d'Isaac se crispèrent; les quelques mots que venait de prononcer le philosophe de Tyane lui rappelaient un terrible souvenir.

— Je le sais, moi, dit-il; continuez.
— Toute la création prenait part à cette agonie, poursuivit Apollonius : le soleil s'enveloppait d'un voile de sang; le tonnerre creusait dans le ciel des sillons de feu; l'homme, épouvanté, attendait, la face contre terre; les animaux des forêts se retiraient dans leurs plus profondes cavernes; les oiseaux de l'air se réfugiaient dans l'ombre la plus épaisse des arbres; pas une cigale ne chantait; pas un grillon ne criait; pas un insecte ne bourdonnait; tout était

muet, abattu, sinistre dans la nature...

Le Juif passa la main sur son front.

— Oui, oui, murmura-t-il à voix basse, j'ai vu cela... Continuez.

— Seuls, reprit Apollonius, les arbres, les buissons, les fleurs, murmuraient dans leur langage, et formaient un chœur sourd et redoutable que les hommes entendaient, mais ne comprenaient pas. Le pin de Damas murmurait :

« — Il va mourir! et, en signe de ma tristesse, à partir d'aujourd'hui, mon feuillage se revêtira d'un vert plus sombre... »

Le saule de Babylone murmurait :

« — Il va mourir! et, en signe de ma douleur, à partir d'aujourd'hui, mes branches s'abaisseront jusque dans les eaux de l'Euphrate... »

La vigne de Sorrente murmurait :

« — Il va mourir ! et, en signe de mon angoisse, à partir d'aujourd'hui, le vin que l'on tirera de mes grappes sera appelé le *Lacryma-Christi*... »

Le cyprès du Carmel murmurait :

« — Il va mourir ! et, en signe de mon désespoir, à partir d'aujourd'hui, je veux être l'hôte assidu des cimetières, le gardien fidèle des tombeaux... »

L'iris de Suze murmurait :

« — Il va mourir ! et en signe de mon deuil, à partir d'aujourd'hui, je couvrirai d'un manteau violet mon calice d'or... »

La belle-de-jour murmurait :

« — Il va mourir! et, en signe de mes regrets, à partir d'aujourd'hui, je fermerai tous les soirs mon calice, et ne le rouvrirai que le matin, plein des larmes de la nuit... »

Et tout le peuple végétal se lamentait ainsi depuis le cèdre jusqu'à l'hysope, tressaillant, frémissant, frissonnant de son faîte à sa racine. Le peuplier, seul, orgueilleux et froid, demeura impassible au milieu de la douleur universelle.

« — Eh! murmura-t-il à son tour sans qu'aucune de ses branches bougeât, sans qu'aucune de ses feuilles fît un mouvement, que nous importe, à nous, la souffrance de ce Dieu qui meurt pour les crimes des hommes? Est-ce que nous sommes des hommes, nous? Non, nous sommes des arbres. Est-ce que nous sommes des criminels, nous? Non, nous sommes des innocents. »

Mais, en ce moment, l'ange qui portait au ciel un calice plein du sang de ce Dieu entendit ce que disait l'arbre égoïste, qui, au milieu de la douleur universelle, réclamait pour lui seul le privilége de l'insensibilité. Il pencha légèrement le vase, et, sur les racines de l'arbre infortuné, il laissa tomber, avec ces paroles, une goutte du sang divin :

« — Toi qui n'as pas tremblé quand toute la nature frissonnait, tu t'appelleras le *tremble*, et, à partir d'aujourd'hui, même pendant ces lourdes journées d'été où meurt toute brise, même lorsque les autres arbres des forêts resteront immobiles, répandant l'ombre fraîche autour d'eux, toi, de ta racine à ton faîte, tu trembleras éternellement!... »

— C'est bien, interrompit le Juif avec une impatience qu'il essayait en vain de déguiser; voilà pour le moineau, et voilà pour l'arbre... maintenant, reste la femme... Je vous ai demandé quelle était cette femme jeune et belle qui sortait du temple de Vénus Armée; pouvez-vous me répondre?

— Ah! dit en souriant Apollonius, du moment où nous abandonnons les animaux et les arbres pour arriver à l'homme, c'est autre chose : il y a, dans l'homme, le masque et le visage, l'apparence et la réalité. Tiens, voici mon disciple Clinias qui va se charger de te montrer le masque et l'apparence; puis, moi, à mon tour, je te montrerai le visage, et te ferai toucher la réalité.

En effet, du côté où avait dû disparaître la femme inconnue, un beau jeune homme accourait; ses longs cheveux parfumés flottaient au vent, serrés seulement autour de ses tempes par une couronne de myrte; l'amour rayonnait dans ses grands yeux noirs pleins de flammes, et la jeunesse dans toute sa fleur éclatait sur son visage.

Il marchait les bras en avant comme s'il eût été prêt à saisir le fantôme du bonheur.

Il se précipita vers Apollonius, dont il baisa les mains avec effusion; et, sans remarquer le sombre visage d'Isaac:

— Oh! maître! dit-il, vous voyez en

moi le plus heureux des hommes !

— Raconte-nous ta joie, Clinias, dit Apollonius ; la joie est comme une essence parfumée : il suffit qu'un seul homme la répande sur lui pour que tout le monde en jouisse.

— Maître ! j'aime et je suis aimé ! dit Clinias.

— Tu viens de prononcer là les deux mots magiques de la langue humaine.

— Aussi n'ai-je qu'une crainte, c'est que les dieux soient plus jaloux de moi !

— Raconte-nous comment cet amour t'es venu, mon fils.

— Oh ! volontiers, maître ! je voudrais que toute la terre m'entendît chanter l'hymne de mon bonheur....
Écoutez-moi donc, arbres au doux murmure, oiseaux au doux chant, fleurs à

la douce haleine! écoutez-moi, nuages qui glissez sur l'azur du ciel! écoute-moi, ruisseau qui coules à mes pieds! écoute-moi, zéphyr qui passes! je vais dire comment j'ai connu Meroë!...

Isaac fit un geste d'impatience; mais, lui posant la main sur le bras :

— Ignores-tu, dit Apollonius en hébreu, que le vent qui paraît le plus contraire au matelot inexpérimenté est souvent celui qu'un pilote habile juge le plus favorable pour conduire le navire au port? Je suis le pilote, et tu es le matelot; aveugle, laisse-toi guider par celui qui voit clair!

— Mais sais-tu où je veux aller? demanda le Juif dans la même langue.

— Oui... seulement, j'ignore comment tu iras.

— Dis-moi un seul mot qui prouve que tu as compris ce que je désire de toi, et j'attendrai avec la patience d'un disciple de Pythagore.

— Ce que tu désires de moi? Tu désires que je te conduise ou te fasse conduire là où il y a un rouet qui file, un fuseau qui tourne, des ciseaux qui coupent.

Isaac tressaillit.

— C'est cela! s'écria-t-il, Apollonius! Apollonius, tu es bien le savant philosophe que m'a dit Iarchas! A partir de cette heure, je suis à toi, et l'aveugle se laissera guider par celui qui voit clair!

Alors, Apollonius, se retournant vers Clinias :

— Parle, dit-il; nous t'écoutons.

Le jeune homme n'attendait que cette permission pour commencer le récit de ses amours, précédé, comme on va le voir, du récit de ses terreurs.

— Avant-hier, dit-il, je revenais de Mycènes, où je m'étais attardé ; j'avais promis à ma mère d'être de retour le soir : c'était, le lendemain, le jour anniversaire de sa naissance, et elle m'avait dit qu'elle regarderait comme une chose de mauvais présage que ce jour se levât tandis que je serais loin d'elle. Maître, tu connais ma mère ; tu sais son amour pour moi, ma tendresse pour elle... Je ne voulus donc pas, quoiqu'on essayât de me retenir, passer la nuit hors de Corinthe : je me fis seller un cheval, et je partis comme le jour tombait. L'ami que je quittais est le riche

Palœmon, renommé pour avoir les plus beaux et les meilleurs coursiers de la Corinthie ; celui qu'il m'avait choisi était un magnifique cheval thessalien à la longue crinière, à la queue flottante, — il en avait, au reste, quatre de la même taille et de la même couleur : ils sont blancs, tachés de feu comme des léopards, et leur maître leur a donné le nom des quatre coursiers du soleil, Éòos, Ethon, Pyroïs et Phlégon. — Pyroïs était celui que je montais, et il était vraiment digne de ce nom ! on eût dit qu'il respirait et soufflait la flamme! Je fis en quelques minutes, et en suivant les bords de l'Asterion, les vingt stades qui séparent Mycènes de Némée, et je me trouvai, à l'heure des ténèbres, au delà du village et sur la lisière de la forêt... Vingt fois j'ai traversé cette forêt soit le jour, soit la nuit; enfant, elle m'était aussi familière que le jardin de ma mère, et bien souvent j'entrai, avec mes jeunes camarades, dans cette fameuse caverne dont Hercule boucha une des issues afin que son hôte terrible ne pût lui échapper : je ne craignais donc point de m'égarer, et je m'enfonçai avec toute assurance sous l'ombre épaisse des chênes, m'en rapportant, au reste, à l'intelligence de mon cheval pour qu'il ne s'écartât point du chemin. Mais, soit que la coupe du festin eût, ce soir-là, circulé, parmi les convives, plus prodigue que d'habitude de la liqueur enivrante, soit qu'effectivement quelque chose d'étrange se passât dans la forêt, il me sembla voir tous les objets sous un aspect différent de leur forme ordinaire et bien connue ; les troncs des arbres me paraissaient autant de fantômes enveloppés de leurs linceuls, et qui, loin d'être attachés à terre par leurs racines, rampaient à l'aide de ces racines comme si elles eussent été des serpents. Quelque temps, je crus être en proie à une illusion ; je passai ma main sur mes yeux pour m'assurer que je ne dormais pas : mes yeux étaient parfaitement ouverts, et erraient avec inquiétude d'un objet à un autre. De son côté, mon cheval n'avançait que par bonds et par écarts, soufflant bruyamment, et à chaque instant se cabrant, comme s'il eût rencontré sous ses pas des obstacles visibles pour lui seul! Je passai la main sur son cou robuste, afin de le flatter et de le calmer tout à la fois ; sa crinière était hérissée, et une goutte de sueur tremblait à chacun de ses poils.

« — Eh bien, Pyroïs, lui demandai-je, qu'y a-t-il donc ? »

Et, comme s'il eût compris ma demande, l'intelligent animal se mit à hennir, et je remarquai, non sans terreur, que ce hennissement avait un certain rapport avec les sons de la voix humaine. Je me tus ; mais, de mes deux genoux, je pressais l'allure de Pyroïs ; je pensais que, monté sur un si bon coureur, j'en avais pour une demi-heure à peine à traverser toute la forêt. Pyroïs semblait partager mon impatience : du trot, il avait passé au galop, et, sous cette nouvelle allure, il dévorait le chemin ! du train dont il marchait, il devait bien faire cent stades à l'heure ; or, la forêt, dans toute sa longueur n'avait pas plus de soixante stades. Et, cependant, soit que je fusse sous l'influence d'un pouvoir magique, soit que ma préoccupation ne me permît pas de calculer le temps d'une façon bien exacte, il me parut qu'il y avait déjà plus d'une heure que je galopais, au milieu de ces arbres spectres qui semblaient galoper aussi vite que moi.

« — Allons, Pyroïs! allons! dis-je à mon cheval, du courage! et, dans dix minutes, nous serons à Corinthe. »

Mais lui, secouant la tête, et hennissant avec une voix humaine :

« — A Corinthe? répondit-il, à Corinthe? nous n'y serons pas cette nuit! »

Mon épouvante fut telle en entendant

ces paroles, que je faillis tomber; un long frisson passa par toutes mes veines; une sueur froide glaça mon front. Et, pourtant, si terrible que fût ce dialogue du cavalier avec son cheval, j'eus le courage de répondre à Pyroïs :

« — Et pourquoi, mon bon coursier, n'arriverons-nous pas cette nuit à Corinthe?

» — Parce que la forêt marche avec nous! répondit Pyroïs. Ne vois-tu pas les arbres qui courent à notre droite et à notre gauche? »

Et, en effet, comme je l'ai dit, les arbres couraient en froissant leurs branches avec un effrayant murmure; de grands oiseaux effarouchés volaient au-dessus de nos têtes, et les racines des arbres, se déroulant en longs anneaux, faisaient, dans la mystérieuse obscurité, autant de nids de serpents ardents à la course qu'il y avait de chênes, de hêtres et de platanes dans la forêt... Tout à coup, Pyroïs s'arrêta en se cabrant; si bon cavalier que je sois, je manquai rouler à terre.

« — Eh bien, Pyroïs, m'écriai-je, que fais-tu donc, et pourquoi cette terreur? Quelques minutes encore, et, je te le répète, nous serons à Corinthe... Là, tu auras une excellente litière de paille fraîche mêlée de fleurs; de l'orge dorée dans ton râtelier, et, dans un seau d'érable cerclé d'argent, l'eau pure que j'irai moi-même puiser à la source. »

Mais lui, reculant sur ses pieds de derrière, et battant l'air de ses pieds de devant :

« — Ne vois-tu pas ? ne vois-tu pas ? », disait-il.

Et, d'épouvante, il soufflait le feu par la bouche et par les naseaux ! Mes regards essayèrent, alors, de percer l'obscurité, et, à quelques pas devant moi, dans l'atmosphère bleuâtre et nuageuse d'une clairière qu'il nous fallait traverser, il me sembla voir tourner en rond des formes indécises, et entendre des chants inarticulés.

« — Je ne passerai jamais, murmurait Pyroïs : l'herbe sur laquelle elles ont marché brûlerait mes pieds ! l'air dans lequel elles secouent leurs torches nous empoisonnerait tous deux !

» — Essaye ! essaye, mon bon coursier, lui dis-je ; n'oublie pas que tu portes le nom d'un des chevaux du dieu

du jour... Le feu craint-il la flamme ?..
Essaye, Pyroïs ! »

» — Non, non, je ne passerai jamais!
Il y a avec elles, conduisant leur cercle
magique, une sorcière de Thessalie habile aux charmes mortels... Non, non,
je ne passerai jamais ! »

Et il continuait de reculer en hennissant :

« — Eh bien, alors, mon bon coursier, retourne chez Palœmon, lui dis-je;
tu sais le chemin qui conduit aux écuries de ton maître, et, tu le vois, je te
rends la bride. »

En effet, je lui jetai la bride sur le
cou. Pyroïs profita de la liberté, et,
faisant une volte rapide, il reprit sa
course avec une fureur qui prouvait que
le pauvre animal avait lui-même le désir

de sortir de la terrible forêt. — Mais, de même que les arbres nous avaient suivis courant du midi au nord, ils nous suivaient maintenant se précipitant du nord au midi ; et les mêmes oiseaux volaient dans leurs branches : seulement, ils volaient plus vite ; et les mêmes serpents rampaient à leurs pieds : seulement, ils rampaient plus rapidement. Et, derrière nous, ces formes indécises s'étant ralliées en file, au lieu de tourner en cercle, glissaient sur nos traces, en secouant, de leurs torches à demi éteintes et fumeuses, des étincelles auxquelles se mêlaient les étincelles qui jaillissaient sous les pieds de Pyroïs... Nous courûmes pendant plus d'une demi-heure de cette course effrénée, et je croyais être arrivé à la lisière de la forêt, quand je m'aperçus que le cours de la rivière Asterion avait changé : au lieu de passer entre les monts Tretos et Apesas, dont je voyais les sommets nus et noirs au-dessus de la cime des arbres ; au lieu de couler de Cléonès au temple de Junon, elle semblait envelopper la forêt d'un cercle infranchissable. Pyroïs arriva bondissant sur sa rive ; mais, tout à coup, il se cabra, comme il avait fait en arrivant à la clairière : — ce n'était plus de l'eau que roulait l'Asterion, c'était du feu !... J'essayai de pousser mon cheval en avant ; je commençais à croire que toutes ces visions étaient l'effet d'un songe ; que tous ces bruits n'existaient que dans mon imagination ; que toutes ces flammes s'éteindraient si je soufflais dessus: Mais Pyroïs se cabrait toujours.

« — Allons, mon bon coursier, lui dis-je, tu dois te rappeler qu'il y a un pont entre Némée et Bembina... Tourne, Pyroïs, tourne jusqu'à ce que tu trouves ce pont, et, à la première ville, nous nous arrêterons, je te le promets! »

Pyroïs secoua la tête.

« — Le pont est tombé dans la rivière, dit-il; la Thessalienne l'y a poussé du bout du pied... Nous ne trouverons pas le pont!

» — N'importe! répondis-je, va toujours!... Ne vois-tu pas que les fantômes se rapprochent de nous? ne les entends-tu pas rire? ne les entends-tu pas murmurer?... Que murmurent-ils?... Attends donc, je ne comprends pas bien :
« Au gouffre! au gouffre! Que veulent-ils dire?... Ah! les voilà qui se rappro-

chent! Pyroïs, prends les ailes de la chimère, et fuyons! »

Et je pressais mon cheval de la voix, des genoux, des talons, et lui, fou de terreur, s'élança plus rapide que l'aigle, que la flèche, que l'éclair! Alors, commença une course, non plus directe du midi au nord, ou du nord au midi, mais circulaire et se rétrécissant toujours ; et le murmure des arbres disait : « Au gouffre! » et le cri des oiseaux disait : « Au gouffre! » et le chant des sorcières disait : « Au gouffre! »

« — *Au gouffre! au gouffre!* répétait Pyroïs; entends-tu, Clinias? *Au gouffre!...* Tu ne reverras plus la petite maison de ta mère, des fenêtres de laquelle tu comptais, enfant, les vagues du golfe de Crissa!... Et moi, je ne reverrai plus les écuries de Palœmon, dont les auges sont de marbre, dont les râteliers sont de cèdre!... Adieu, mes compagnons, Éôos, Ethon, Phlégon! adieu!... *Au gouffre! au gouffre!* »

Je commençais à comprendre avec une épouvante jusque-là inconnue à mon âme ce que voulait dire le murmure des arbres, le cri des oiseaux, le chant des sorcières : il y avait, au centre de la forêt de Némée, un profond abîme sur le bord duquel plus d'une fois, enfant ou jeune homme, je m'étais penché en pâlissant, car cet abîme, rendu plus sombre encore par les branches épaisses des arbres qui formaient au-dessus une voûte de feuillage, semblait n'avoir pas de fond. — On l'appelait le Gouffre. — C'est là que nous conduisait la ronde

terrible qui tournait autour de nous ;
c'est parce que le gouffre sans fond allait nous engloutir que Pyroïs disait que
nous ne reverrions jamais, moi, la maison de ma mère, et, lui, les écuries de
son maître Palœmon. J'avais bien le désir de me laisser glisser le long des flancs
de Pyroïs, ou de m'élancer à terre ; mais
notre course était si rapide, mais les
arbres étaient si voisins, mais les rochers étaient si proches, qu'il me semblait impossible de risquer une pareille
tentative sans me briser contre eux.
D'ailleurs, en supposant qu'arbres et rochers voulussent bien s'amollir pour
moi, ne tomberais-je pas aux mains de
cette file de sorcières plus terribles que
les bacchantes qui avaient déchiré Orphée sur les bords de l'Èbre, et jeté dans

le fleuve sa tête et sa lyre !... Le galop
insensé continuait donc, toujours plus
rapide et plus resserré ; je commençais
à reconnaître le pays, couvert jusque-là
pour moi d'un voile fantastique : nous
approchions de l'abîme ! Ici, enfant,
j'avais cueilli des fleurs ou ramassé des
glands ; là, jeune homme, j'avais, mon
arc à la main, attendu la biche ou le
chevreuil ; là, enfin, sur un lit de mousse,
j'avais reçu le premier baiser de ma
première maîtresse, par une belle soirée
de printemps où le soleil couchant, dardant ses rayons d'or à travers la forêt,
semblait la percer de flèches de feu...

« — Oh ! malheur ! malheur ! m'écriai-je en me sentant entraîné vers l'abîme
par une irrésistible attraction ; Pyrois,
mon bon coursier, ne peux-tu donc pas

changer de route? ne peux-tu donc pas franchir ce cercle d'arbres? ne peux-tu pas bondir parmi ces rochers? ne peux-tu pas traverser l'Asterion à la nage? »

Mais lui, secouant toujours la tête :

« — Non, non, disait-il, tu vois, les arbres se resserrent, les rochers grandissent ; la flamme de l'Asterion s'élève comme une muraille... Comment veux-tu fuir, quand la meute des sorcières thessaliennes, conduite par Canidie, est sur notre trace?... *Au gouffre! au gouffre! au gouffre!...*

Et toutes les voix de la nature répétaient : « Au gouffre! » Nous nous rapprochions, en effet, de l'abîme ; j'entendais gronder à ma gauche, et à quelques pas de moi seulement, ce bruissement terrible des choses sans fond ! A travers les troncs des arbres qui couvraient l'abîme de leurs branches, je voyais s'ouvrir le gouffre, sombre comme l'Érèbe, profond comme la nuit !... Pyroïs hennissait, frissonnait, pleurait ; mais le cercle se rétrécissait de plus en plus, et, à moins que les ailes de Pégase attachées à ses épaules ne me permissent, comme à un autre Bellérophon, de m'enlever à travers les airs, je pouvais calculer le moment où nous serions précipités. — Ce moment arriva. Le gouffre béant attendait : Pyroïs poussa un hennissement d'agonie, et, comme s'il eût jugé qu'il était inutile de disputer plus longtemps son existence à la fatalité, il s'élança dans l'abîme... Par un mouvement instinctif, irréfléchi, incalculé, je levai les

deux mains vers le ciel, et m'écriai :
« — Adieu, ma mère!... »

Mes mains rencontrèrent la branche d'un arbre qui surplombait l'abîme : elles s'y cramponnèrent avidement. Je sentis Pyroïs s'engloutir sous moi, et je restai suspendu au-dessus du gouffre, où j'entendis, comme un écho venu du centre de la terre, le bruit de la chute de mon cheval.... — Ah! maître! maître! s'écria Clinias en pâlissant et en serrant les mains d'Apollonius, je puis mourir maintenant; je sais ce que c'est que les angoisses de la mort! — J'étais suspendu au-dessus de l'abîme, et la branche, pliant sous mon poids, trempait déjà, pour ainsi dire, mes pieds dans la nuit du tombeau... Cependant, l'horrible vision continuait :

les racines des arbres allongeaient leurs têtes de serpent au bord du gouffre ; les oiseaux volaient au-dessus du gouffre ; la ronde des sorcières tournait autour du gouffre ! Tout cela semblait attendre patiemment l'instant où les forces me manqueraient, et où je serais précipité ; serpents, oiseaux, sorcières savaient bien que je ne pouvais leur échapper ! Moi aussi, je le savais, et c'est ce qui faisait mon agonie ; je me demandais combien de minutes mes bras roidis auraient la force de soutenir mon corps ; mes cheveux se hérissaient sur ma tête ; la sueur roulait de mon front sur mes joues !... Peu à peu, je sentis mes muscles se détendre ; j'aurais voulu pouvoir, à la force de mes bras, me hausser jusqu'à la branche et la saisir avec mes dents; mais la branche, trop faible, pliait sous mes efforts; je m'épuisais en essais inutiles; tout le poids de mon corps pendait à mes jambes : il me semblait que les esprits de l'abîme attachaient à chacun de mes pieds l'enclume d'un cyclope! Toute ma vie se représentait à ma pensée, depuis le jour où les objets extérieurs creusèrent une première empreinte dans mon esprit, et y firent éclore la mémoire, jusqu'au moment où Palœmon vint m'apporter la coupe du voyage, et où je la vidai, déjà monté sur Pyroïs, à la santé des convives, couronnés de fleurs, et qui secouaient les flambeaux de résine parfumée brûlant à leurs mains. Pourquoi les avais-je quittés? nous étions si mollement couchés, dans nos longues robes de lin, sur des lits de pourpre! Les lumières étaient si brillantes! les chants si joyeux! les vins si pétillants! Peut-être pensaient-ils à moi, et disaient-ils:

« — A cette heure, Clinias est arrivé chez sa mère, et le dieu du sommeil effeuille des pavots sur son chevet. »

Oh! comme ils se trompaient!... Les cheveux hérissés d'épouvante, les bras roidis de fatigue, tout le corps tressaillant d'angoisse, suspendu au-dessus de l'abîme, ne se rattachant à la vie que par une branche d'arbre pliante que ses mains meurtries étaient près d'abandonner, Clinias repassait en quelques secondes sa vie tout entière : jeunesse, études, adolescence, amour, — tableaux mouvants qui tournoyaient à ses yeux dans le tourbillon du vertige!... Enfin, je sentis que les forces commençaient à mourir dans les principaux organes de mon corps : mes entrailles se tordirent ; mon cœur battit avec une telle force, que j'en entendais le bruit au milieu de tous les bruits ; le sang affluait à mes tempes, et montrait à mes yeux chaque objet à travers un voile de flamme ! Un de mes bras lâcha la branche, et un soupir s'échappa de ma poitrine... A ce soupir, les arbres redoublèrent leurs murmures, les oiseaux leurs cris, les sorcières leurs chants ; tous disaient :

« — Au gouffre ! au gouffre ! au gouffre ! »

Je fis, pour ressaisir la branche avec ma seconde main, des efforts aussi inutiles que ceux que j'avais faits pour la saisir avec mes dents. Un seul bras portait tout le poids de mon corps : je sentais ce bras près de se rompre aux articulations; je regardais autour de moi avec des yeux sanglants et presque sortis de leurs orbites. J'aurais voulu parler, appeler, crier au secours; mais toute ma pensée se concentrait dans ces cris incessants qui retentissaient à mon oreille :

« — Au gouffre! au gouffre, au gouffre! »

Enfin, je compris que le moment était venu. Je poussai d'une poitrine haletante quelques soupirs douloureux; ma main s'ouvrit malgré moi; je lâchai la branche; je murmurai à mon tour le cri : « Au gouffre! » et je m'évanouis en me sentant rouler dans l'espace de l'incommensurable abîme!...

Et le souvenir de cet instant suprême se représenta si terrible à l'esprit de Clinias, qu'il pâlit, et que, ne pouvant plus se soutenir sur ses genoux fléchissants, il glissa entre les bras d'Apollonius, et, la tête renversée en arrière, tomba assis sur un fragment de marbre.

CHAPITRE XXIII.

MÉROË.

— Quand je rouvris les yeux, dit Clinias relevant la tête, et secouant ses beaux cheveux noirs après un moment de silence, — quand je rouvris les yeux, je me trouvai couché sur un lit de mousse, à l'extrémité d'un charmant jardin à travers les arbres duquel je voyais blanchir, à cent pas de moi à peu près, les murailles d'une maison.

Les premières brises du matin passaient au-dessus de ma tête, tout imprégnées de senteurs nocturnes; l'étoile de Vénus montait rapide à l'horizon, annonçant la prochaine naissance du jour, et, de la terre, sortait cette vapeur transparente qui précède le lever du soleil. — Une femme se tenait debout près de moi, secouant sur mon visage un bouquet de fleurs tout humide de rosée, et me rappelant à la vie par la fraîcheur embaumée de cette pluie matinale; son voile, rejeté en arrière, laissait à découvert son front, couronné d'une branche de verveine; son œil de velours brillait d'une douce flamme sous un sourcil de jais; son nez droit et d'une régularité parfaite partageait, de sa ligne pure, l'ovale d'un visage charmant que terminait un menton arrondi au-dessus duquel s'ouvraient, pour laisser voir un double fil de perles, deux lèvres du plus riche et du plus ardent corail; la taille était celle d'une nymphe de Diane; le pied et la main ceux d'Hébé! Le voile qui tombait derrière sa tête, le peplum qui couvrait ses épaules, la tunique qui enveloppait son corps semblaient être tissus de ces fils de soie qu'on voit flotter dans l'air lorsque arrivent les mois de Cérès et de Pomone; ses bras étaient nus dans des manches ouvertes, et, pour tout ornement, le droit portait, enroulé d'un triple nœud autour de son poignet, un aspic aux écailles d'or et aux yeux de rubis.

Ma première idée fut que je m'étais tué dans ma chute, et que, transporté aux champs Élysées par les génies de la mort, j'avais près de moi la reine du royaume sombre; seulement, une chose m'étonnait : c'était de ne pas voir, dans les longues allées de ce charmant jardin, d'autres ombres compagnes de ma nuit éternelle. — Quand la belle inconnue vit mes yeux, après avoir erré autour de moi, se fixer sur elle, un sourire charmant effleura ses lèvres.

« — Eh bien, me demanda-t-elle d'une voix si douce, que je crus que c'était, non pas une voix humaine, mais le dernier soupir de la nuit qui passait dans l'air,—eh bien, beau voyageur, es-tu enfin réveillé? »

Je la regardai avec étonnement : — du moment où ce sourire et cette voix appartenaient à la reine des ombres, je comprenais le rapt de Pluton.

« — Si la vie est un songe dont la mort est le réveil, en effet, belle déesse, je suis réveillé !

» — Et, moi, d'après cette réponse, je croirais bien plutôt que ton rêve se prolonge, mais seulement change de nature en se prolongeant; car voilà que le sourire succède, sur tes lèvres, aux plaintes et aux gémissements... Es-tu donc un autre Oreste, que ton sommeil soit si pénible ? et vas-tu d'Argos à Athènes, pour demander ton absolution à l'aréopage ? »

Ma surprise allait croissant.

« — Je suis Clinias de Corinthe, lui dis-je, et non le fils de Clytemnestre et d'Agamemnon. Hier, j'ai dîné chez mon ami, le riche Palœmon, de Mycènes, lequel m'a prêté son cheval Pyroïs, pour franchir les cent soixante stades qui séparent la ville de Persée de la ville d'Éphyre. La nuit m'a surpris en route; et, poursuivi, dans la forêt de Némée, par d'horribles apparitions, mon cheval s'est effrayé, et, après une course insensée, s'est précipité le premier dans le gouffre qui s'ouvre entre Cléonès et l'antre du lion... Quant à moi, quelque temps j'ai essayé de lutter contre la mort, en me suspendant à une branche d'arbre; mais bientôt mes mains se sont lassées, la branche leur a échappé, et j'ai roulé précipité dans l'abîme !

— Beau Clinias, dit la jeune femme d'un air moqueur, il faut que le vin de Palœmon ait été versé bien abondamment dans la coupe de ses hôtes, ou possède de bien enivrantes vertus, pour avoir mené ton imagination par de si terribles chemins ! Je le regrette au point de vue poétique, mais ce n'est pas tout à fait ainsi que s'est dénoué ton voyage... Non, ton cheval Pyroïs le premier, et toi le second, vous n'êtes point tombés dans le gouffre d'où rien ne sort ; et la preuve, c'est que te voici doucement couché sur la mousse de mon jardin, tandis que Pyroïs mange, en hennissant et en frappant la terre du pied, le trèfle savoureux et le sainfoin parfumé dans les splendides écuries de son maître ; non, Pyroïs s'est simplement débarrassé de son cavalier, dont la main mal assurée lui fatiguait la bouche de son mors d'argent, et il est retourné à l'écu-

rie, laissant l'ami de son maître couché, les pieds au bord de la mer, la tête contre la vieille muraille qu'il avait suivie, n'ayant pu la franchir. C'est là que, après avoir été faire une promenade nocturne dans le port, je t'ai trouvé... tu dis évanoui; moi, je dis dormant... Alors, j'ai ordonné à mes esclaves de te prendre et de t'apporter ici.
— Et, maintenant, te reconnais-tu?..... Tu es, non pas aux champs Élysées, mais au bord de la mer d'Alcyon : voici, à ta droite, au-dessus de la cime des arbres, l'Acrocorinthe, dont la citadelle se dore des premiers rayons du soleil levant; nous avons, derrière nous, Melissus aux pampres dorés; et ce ruisseau qui passe en murmurant, à ta gauche, va se jeter dans la rivière Némée. Quant à

moi, je ne suis ni déesse, ni reine, je suis la Phénicienne Meroë, qui, depuis trois mois, ai traversé la mer Égée pour venir demeurer à Corinthe, libre que je suis de mes actions, et n'ayant ni frère ni mari qui ait le droit de m'en demander compte.

» — Belle Meroë, lui dis-je alors, puisque tu m'assures que je vis, je ne veux pas démentir une si charmante bouche; mais, je t'en préviens, je serai moins facile à admettre que tu ne sois ni reine ni déesse... Je suis né à Corinthe, dont les femmes sont si belles, que c'est parmi les Corinthiennes surtout que Vénus choisit ses prêtresses; j'ai vu Athènes, dont les femmes sont si majestueuses, qu'à cause de la majesté de ses femmes, on a dit qu'Athènes était la ville de Minerve ; j'ai été à Argos, dont les femmes sont si fières, que, lorsqu'on les voit passer dans leurs longues robes blanches sans ornements et sans broderies, on les prend pour autant de déesses Junon ; eh bien, je te le déclare, Meroë, — puisque c'est là le nom dont tu veux être appelée pendant ton séjour parmi les hommes, — avec la beauté des femmes de Corinthe, avec la majesté des femmes d'Athènes, avec la fierté des femmes d'Argos, le peintre Zeuxis ou le sculpteur Praxitèle ne feraient pas quelque chose qui te ressemble !

» — En effet, on m'avait dit cela quand j'ai quitté la Phénicie pour la Grèce, Tyr pour Corinthe ; on m'avait dit : « Défie-toi des paroles dorées des jeunes gens qui portent le cothurne de pourpre, et qui habitent entre les deux mers; leur esprit pense d'une façon, leur bouche dit de l'autre, et il est rare — tant ils sont amoureux d'eux-mêmes et courtisans de leur propre mérite! — que leur cœur soit pour quelque chose dans ce que dit leur bouche ou pense leur esprit! »

Mais je regardais Meroë avec tant d'amour, tout en me soulevant lentement sur un genou, — lentement, car il me semblait que tous les os de mon corps avaient dû se briser dans ma chute, et qu'à chaque mouvement, j'allais ressentir une douleur; — mais je la regardais avec tant d'amour, que, par un geste plein de grâce et de voluptueuse pudeur, s'il est possible d'allier ces deux mots, elle ramena son voile sur son visage, et mit ce rempart d'air tissu entre l'ardeur de mes yeux et le trouble des siens... En ce moment, les premiers rayons du soleil inondèrent l'orient d'une clarté rose irisée d'opale; mais ont eût dit que, pareille à ces fleurs dont le parfum se répand plus suave dans les ténèbres, et qui ferment leur calice au retour de la lumière, Meroë désirait retrouver dans l'intérieur de ses appartements fermés l'ombre qu'emportait avec elle la robe traînante de la nuit; son regard semblait fixé avec inquiétude sur la clarté grandissante du jour, et, de même qu'elle avait tiré son voile sur son visage pâle, elle tirait ses manches de mousseline sur ses bras et ses mains, d'une blancheur si glacée, qu'ils paraissaient empruntés à quelque statue de marbre de Paros. Je voulus prendre une de ses mains, elle la retira vivement.

« — Clinias, dit-elle, rappelez-vous qu'il y a, en ce moment, une personne qui vous attend dans des angoisses que vous pressentiez hier, et que vous oubliez ce matin... une personne qui me maudirait, Clinias, si elle pouvait deviner que vous êtes près de moi, et que ma présence l'écarte de votre mémoire : cette personne, c'est votre mère ! »

Ce mot me rappelait la promesse que j'avais faite, la veille, à ma mère; promesse par laquelle je m'étais exposé à tous les dangers de cette nuit terrible... Oh! c'est donc une bien irrésistible passion que celle de l'amour, puisque, en naissant, elle chasse, éteint, anéantit tous les autres sentiments?... Ma mère, qui, la veille encore, était la moitié de mon âme; ma mère, à qui s'était adressé mon dernier cri au moment où je m'étais cru précipité dans le gouffre; ma mère, je l'avais oubliée dans la contemplation d'une femme que je venais de voir pour la première fois, il y avait un quart d'heure à peine! d'une femme à laquelle un quart d'heure auparavant, je ne pensais pas plus qu'à ce monde de choses inconnues qui gisent entassées dans le néant de notre ignorance, et qui, venant d'entrer dans ma vie, m'y semblait si indispensable, que mon cœur me paraissait plus facilement devoir quitter mon corps que sa présence mes yeux, que son souvenir ma pensée!

« — Ma mère? répétai-je presque sans penser à ce que je disais; oui, vous avez raison... Mais, vous, Meroë! mais vous, où vous reverrai-je? quand vous reverrai-je?... vous savez bien que, maintenant, je ne saurais plus vivre sans vous!

» — Ce n'est pas trop d'une journée pour vous reposer d'une si terrible nuit, Clinias, dit en souriant Meroë; mais, si, ce soir, vous pensez encore à moi, promenez-vous sur le rivage à l'endroit où le mont Oneïus projette son ombre dans la mer, à l'heure où la constellation de la Lyre commence à briller au ciel, et attendez là celle qui n'a pas le courage de vous dire : « Clinias, je ne
» crois pas à vos paroles! »

« — Oh! Meroë! Meroë! m'écriai-je,

votre main... votre main, par grâce! »

Meroë fit un mouvement pour m'accorder la faveur que je lui demandais; mais réfléchissant sans doute, elle secoua la tête, et, retirant sa main, dont mes deux mains et mes lèvres allaient s'emparer :

« — Non! non! dit-elle; à ce soir... »

Alors, s'éloignant avec rapidité, elle me jeta de loin, et du bout des doigts, un baiser qu'emporta la brise du matin dans un rayon de lumière dorée, et disparut sous le sombre vestibule de sa maison... Je restai seul. — Pour la première fois, ô maître! je sentis la valeur et l'étendue de ce mot : *seul!* La nature s'éveillait souriante; les brises des eaux et des montagnes passaient par les airs; les oiseaux commençaient à chanter en voltigeant d'arbre en arbre; la cigale cherchait le premier rayon du soleil pour y faire grincer ses ailes frileuses; les scarabées d'azur et d'émeraude se glissaient sous l'herbe; le grillon saluait la lumière au bord de son trou; le lézard, inquiet et familier à la fois, courait le long de la muraille. On entendait le bourdonnement de Corinthe passant du sommeil à la vie, les chansons du pêcheur allant tirer ses filets nocturnes, les cris aigus des matelots levant l'ancre; enfin, à deux cents pas à peine, ma mère m'attendait dans l'inquiétude et dans les larmes, et j'étais aussi perdu, aussi isolé, aussi abandonné dans cette nature que si un naufrage m'eût jeté, la veille, sur le rivage de quelque île déserte et inconnue de la grande mer Érythrée! j'étais seul, enfin! j'étais sans vie, sans joie, sans soleil : Meroë n'était plus là!... Je regagnai lentement la maison de ma mère. A la façon dont j'ouvrais et refermais la porte, au bruit de mes pas dans le vestibule, ma mère me reconnut et accourut au-devant de moi.

« —Oh! méchant fils! me dit-elle, maudite soit l'heure où Lucine permit que je te misse au monde pour qu'un jour, que tu me causasses de si amères inquiétudes! Qu'est donc devenue ta promesse d'hier, d'être rentré avant les premières heures du matin?... Vois, je me suis un seul instant jetée sur mon lit, et j'ai passé la nuit à t'attendre... Oh! quelles visions affreuses m'ont poursuivie, tout éveillée que j'étais, en songeant qu'il te fallait traverser cette sombre forêt de Némée! Je croyais que le temps des bandits antiques était revenu, que tu allais trouver sur la route quelque Geryon ou quelque Sinnis; le lion de Némée me semblait mal tué par Hercule, et prêt à sortir de nouveau de son antre pour te dévorer!... Mais, enfin, te voici... je te vois, je t'embrasse, je te serre dans mes bras, je te presse sur mon cœur : Jupiter soit béni! tout est oublié!

» —Oh! ma mère, répondis-je, qu'elle est belle! »

Ma mère me regarda avec étonnement.

« — Belle? répéta-t-elle.

» — Ce n'est pas une mortelle, c'est une déesse!

» — Mais de qui parles-tu donc, mon fils ?

» — Qu'il y a loin, ô Vénus! d'ici à ce soir! »

Ma mère chercha dans sa pensée.

« — Oh! s'écria-t-elle, tu aimes, mon pauvre enfant!

» — Pour la première fois, ma mère je le sens...

» — Prends garde, Clinias! l'amour c'est, ou un voile de deuil jeté sur le cœur, ou un voile d'or et de pourpre jeté sur les yeux ; il y a l'amour heureux et l'amour funeste ; l'amour qui vit dans les sourires, et l'amour qui se consume dans les larmes... Mon fils, dis-moi qui tu aimes, du moins, afin que je puisse prévoir les joies ou les douleurs à venir de ton amour. Toutes les jeunes filles de Corinthe, de Mégare ou de Sicyone, je les connais.... Voyons, est-ce Thélaïre ? Ses yeux noirs, prends-y garde, promettent plus d'heures orageuses que de moments sereins : ses sourcils sont deux nuages sombres qui, toutes les fois qu'ils se rapprochent, lancent l'éclair, et font éclater la foudre... Est-ce la blonde Myrthé? Son œil bleu réfléchit à la fois l'azur du ciel et l'azur de la mer; mais prends garde : son cœur est sans fond, comme le double infini qui se reflète dans son regard!... Est-ce Thaïs? Oh! prends garde encore! jamais le dieu Protée, que l'on dit le père de cet Apollonius qui eût dû t'apprendre la sagesse, et qui ne l'a pas apprise, jamais le dieu Protée n'a revêtu tant de formes qu'en sait prendre sa coquetterie : c'est le serpent qui glisse, c'est l'oiseau qui s'envole, c'est l'eau qui s'échappe entre les doigts, c'est la flamme qui dévore, c'est... c'est Thaïs, enfin, qui a fait soupirer d'amour les plus beaux jeunes gens de Corinthe... Oh! Clinias, je suis femme : permets-moi de craindre les femmes! »

Je secouai la tête.

« — Ce n'est aucune de celles que tu viens de nommer, ma mère... Il est même inutile que tu la cherches dans tes souvenirs ; tu ne la connais pas, et, moi-même, je l'ai vue ce matin pour la première fois.

» — Elle est donc étrangère à Corinthe? demanda ma mère avec inquiétude.

» — Elle arrive de Tyr.

» — Oh! prends garde aux Phéniciennes, mon fils! la Vénus qu'elles adorent n'est point celle de Paphos, de Cythère ou de Gnide; ce n'est ni la Vénus Anadyomène, mère de la création, ni la Vénus Uranie, reine du ciel, ni la Vénus Alma, qui nourrit le monde. C'est la Vénus de l'Inde, descendue par le Nil jusqu'en Syrie; c'est Anahid, c'est Enyo, c'est Astarté; c'est, enfin, non pas la Vénus née du sang d'Uranus et de l'écume de la mer; sortant des flots, où un jour de printemps la vit éclore, telle qu'une fleur marine, et qui, poussée par les tritons et les océanides, à peine sur le sable du rivage, relève sa longue chevelure, en exprime l'onde salée, se parfume, se couronne de roses, et brillante comme un rayon, légère comme un nuage, monte jusqu'à l'Olympe à travers l'azur de l'empyrée ; non, non ! C'est la sœur du sombre Moloch, la déesse à la fois des amours terribles et des guerres acharnées ! A la nôtre, il suffit de l'offrande de deux colombes, et parfois même elle se contente de celle de deux passereaux ; mais à la Vénus virile et sauvage de la Phénicie, il ne suffit pas même du sang des bêtes fauves, il faut des massacres de victimes humaines !... Oh ! mon pauvre enfant, mieux vaudrait pour toi être tout ensemble amoureux de la brune Thélaïre, de la blonde Myrthé et de la coquette Thaïs, plutôt que d'une fille de Tyr ou de Sidon !

» — Ma mère, répétai-je, j'aime Meroë ! »

Et, comme elle voulait insister, j'étendis la main en signe que toute observation serait perdue, et me retirai dans ma chambre en murmurant ce doux nom, que ma bouche, avec une joie infinie, répétait à demi-voix comme une musique délicieuse : Meroë! Meroë! Méroë! — Oh! la solitude! c'est la seule confidente réelle de l'âme. Il y a, dans tout amour qui commence, une pudeur sainte, velouté charmant de la passion naissante qui concentre, pour ainsi dire, dans le cœur de notre cœur, les plus purs désirs et les plus chastes espérances; tout homme véritablement amoureux hésite à soulever devant un autre homme parlant la même langue, vivant de la même vie, le voile qui couvre le sanctuaire de sa tendresse. C'est que deux cœurs ne sentent jamais de la même façon; aussi, lorsque notre cœur trop plein déborde malgré nous, notre voix, dans son besoin d'expansion, s'adresse particulièrement à la solitude, et choisit pour ses confidents le lac, l'étoile, le ruisseau, le nuage, qui, non-seulement ne peuvent pas lui répondre, mais ne peuvent pas même l'entendre!... Pourtant, cette solitude de ma chambre me semblait restreinte : rien ne m'y parlait d'elle; aucun des objets qu'elle renfermait ne l'avait vue, touchée, connue... Ce que j'eusse désiré, c'eût été de me plonger dans l'air qu'elle avait respiré, dans la poussière qu'avaient soulevée ses pas, dans l'ombre qu'elle avait éclairée de sa présence! Oh! quel bonheur c'eût été pour moi de me jeter

sur son passage, afin de voler un rayon
à ses yeux, un souffle à son haleine, un
atome au tourbillon qui la suit en la
caressant... Je ne pus demeurer plus
longtemps enfermé; j'étouffais! comme
l'hyacinthe, j'avais besoin de mon soleil. Je sortis et me retrouvai au milieu
de la rue; je ne savais me garantir ni
des chevaux, ni des chars; dans ma
préoccupation, je heurtais tous les passants; mes meilleurs amis, je ne les reconnaissais plus, et lorsque le bruit de
leur voix m'envoyant un heureux salut
me faisait tressaillir, je les regardais
d'un œil atone; et, comme s'ils eussent
été des étrangers ou des importuns, je
continuais hâtivement mon chemin. Enfin, je me retrouvai hors de Corinthe.
A trois cents pas, au bord de la mer,

j'aperçus, perdu dans les arbres, et apparaissant au-dessus de la muraille qui l'entourait, ce charmant petit palais auquel je n'avais jamais fait attention, dont je n'avais pas même remarqué l'existence, et qui, aujourd'hui, était devenu pour moi le point unique de la terre! Je montai sur une colline du sommet de laquelle mon regard plongeait presque à pic sur ce jardin et sur cette maison. C'est là que j'étais le matin; c'est là qu'elle était avec moi... Sous ce laurier-rose, elle avait secoué, pour me rappeler à la vie, les perles liquides de son bouquet; en se retirant chez elle, elle en avait éparpillé toutes les fleurs; ces fleurs qui marquaient sa trace, je les voyais couchées et mourantes sur la pelouse... Oh! si j'avais pu, seul, et en liberté dans ce jardin, baiser l'herbe encore mal relevée sous la pression de son pas! si j'avais pu recueillir une à une ces fleurs qu'elle avait cueillies! toucher de mes lèvres les pétales imbibés de carmin qui enrichissent le front penché de l'anémone; les flèches qui jaillissent du disque d'or de la marguerite; l'albâtre du jeune lys qui, pareil à une coupe, avait reçu et gardé dans son calice les pleurs de la nuit ; oh! je crois que j'eusse été heureux, que je n'eusse rien demandé davantage, et que j'eusse dit aux Dieux : « Ne soyez point si fiers de vos trônes de nuages de vos tapis d'azur brodés d'étoiles, de votre ambroisie, de votre nectar, de votre Olympe, car un regard, un mot, une caresse de Meroë peut me faire votre égal!... » Une

chose m'inquiétait, cependant : c'est
que la maison était close et semblait
inhabitée; pas un être vivant n'y entrait
ou n'en sortait; on eût dit un élégant
tombeau. Que faisait Meroë dans cette
maison muette? Sans doute, elle se reposait des fatigues de la nuit; ne m'avait-elle pas dit que c'était en revenant
d'une promenade sur la mer qu'elle
m'avait trouvé évanoui? — Comment s'écoula cette journée, la plus longue que
j'aie jamais vécue? Partie sur la colline,
d'où je plongeais inutilement mes regards dans le jardin; partie à prier dans
le temple de Vénus Victorieuse; partie
à errer au bord de la mer. Bien avant
l'heure convenue, quand pas une étoile
encore ne brillait à l'empyrée, j'étais
déjà assis sur le rivage, les yeux fixés

vers le point du ciel où devait apparaître l'heureuse constellation ; de même que j'avais vu, degré à degré, naître l'aurore, je vis, teinte par teinte, s'effacer le jour. Enfin, Phœbé se leva derrière le mont Cithéron, suivit lentement sa route nacrée dans le ciel, et disparut derrière le mont Oneïus, dont l'ombre grandissante s'étendit, alors, jusqu'à la mer. Je levai les yeux vers le midi : la constellation de la Lyre y brillait dans tout son éclat. En même temps, arriva jusqu'à moi un chant doux et plaintif comme celui qui est habituel à nos matelots corinthiens, et j'aperçus une barque qui, glissant sur les vagues, s'approchait avec rapidité. Ce chant, deux rameurs le faisaient entendre alternativement : l'un disait la première strophe;

l'autre, la seconde; comme, dans les *Églogues* du poëte latin, un berger dit le premier vers, et l'autre le second. A mesure que la barque avançait, les paroles devenaient plus distinctes, et chaque strophe semblait prendre son vol, et venir, rapide et rasant les flots, aborder à tire-d'ailes au rivage. — Ils racontaient les amours de Céyx, roi de Trachine, et d'Alcyone, fille d'Éole. — En ce moment, tout avait pour moi une si grande importance, que, depuis la première jusqu'à la dernière parole, j'ai retenu ce chant, que je n'ai pourtant entendu qu'une fois. Le voici :

« O mon père! puissant Éole! toi à qui le dieu de la mer a confié la garde des vents, tiens soigneusement enfermés dans tes outres Borée à la froide haleine, Euros, qui s'enveloppe d'un ample manteau, et Notos, qui de son urne penchée verse incessamment la pluie, et ne laisse sortir de tes cavernes de Strongyle, ô mon père! que l'amant de Flore, que le doux Zéphire aux ailes de papillon.

» Car mon époux, le roi Céyx, est parti du port de Dymès sur son beau navire bâti dans les chantiers de Sicyone, riches en hêtres et en sapins; sa proue est tournée vers le port de Crissa, où je l'attends impatiente et les yeux au ciel, afin de conjurer le plus petit nuage, et, depuis huit jours et huit nuits, je prie et je l'attends!

» Hélas! la nuit dernière seulement, accablé de fatigue, je me suis endormie, et l'on m'a dit que, pendant mon sommeil, l'éclair avait lui, la foudre avait grondé, la tempête avait mugi ; et, ce matin, quand, au point du jour, je suis venue sur le rivage, la mer était houleuse, et chaque flot portait à son sommet un flocon d'écume...

» Mais que vois-je, là-bas, à l'horizon?... Est-ce une vague élevant sa tête au-dessus des autres vagues ? est-ce une mouette qui rase le flot? est-ce une voile d'Ithaque ou de Leucade qui sillonne la mer?... Non, c'est une chose qui flotte inerte et sans guide, un débris de mâture... un naufragé peut-être !

» Il approche, il approche, l'objet inconnu, et l'on en distingue plus facilement la forme... Hélas! divin Neptune, il n'y a plus de doute, c'est une malheureuse victime de ta colère qui vient demander une tombe au rivage ! Voilà déjà que l'on peut distinguer la couleur de sa tunique et celle de ses cheveux : sa tunique est verte comme l'herbe de la prairie; ses cheveux sont blonds comme ceux du dieu du jour.

» Hélas! hélas! quand Céix m'a quittée, lui aussi portait une tunique verte, et, pour conserver quelque chose de lui, j'ai coupé une boucle de ses blonds cheveux... Pourquoi ce cadavre qui vient à moi a-t-il donc une tunique verte comme mon époux, des cheveux blonds comme mon Céyx? — O mon père! aurais-tu été insensible à ma prière? O divin Neptune! serait-ce ainsi que tu me rendrais mon époux?

» Et, à mesure que le cadavre approche, Alcyone, qui le reconnaît, s'incline toujours davantage sur le rocher; et, quand le cadavre se balance au-dessous d'elle, elle étend les bras, jette un cri, et se précipite; mais son père Éole ne la laisse pas descendre jusqu'à la mer: il lui attache, pendant sa chute, des ailes aux épaules; il couvre son corps de plumes... Alcyone pousse un gémissement, et plane au-dessus du cadavre de son époux !

» Et Ceyx, à son tour, revit sous la même forme. Depuis ce temps, tous deux rasent les vagues en annonçant par leurs cris la tempête aux matelots; et, quand vient pour eux le temps de bâtir leur nid, qu'ils construisent sur les flots, Neptune à la prière d'Éole, leur accorde sept jours de calme que ne trouble aucun vent, et que l'on appelle les sept jours Alcyoniens. »

Comme les rameurs achevaient cette dernière strophe, la barque abordait le rivage, et, d'un seul bond, je sautais dans la barque, et tombais aux genoux de Meroë, qui m'attendait sur des coussins de soie, et sous une tente de pourpre... O maître! quelle douce nuit j'ai passée, au chant des matelots, au murmure de la mer, au balancement de la barque, ma main dans la main de Méroë, mes yeux sur ses yeux, mes cheveux mêlés à ses cheveux, mon haleine confondue avec son haleine! Comment les heures si longues étaient-elles devenues si courtes? et comment ne suis-je pas mort de bonheur, quand, au point du jour, à la porte de sa maison, elle m'a dit au moment de me quitter : « O Clinias! je t'aime? »

Apollonius sourit, et, posant sa main sur l'épaule du jeune homme éperdu de joie :

— A quand les noces? demanda-t-il.

— A ce soir, mon divin maître, dit Clinias; je te cherchais pour te le dire; car il y a une demi-heure à peine que j'ai rencontré Meroë sur le chemin de la forteresse, sortant du temple de Vénus Armée, et que, cédant à mes prières, elle a consenti à devenir ma femme.

— Et elle est jeune, elle est belle, elle paraît de noble race?

— Jeune comme Hébé, belle comme Vénus, fière et noble comme Minerve!

Apollonius se retourna vers Isaac :

— Voilà le masque, dit-il, voilà l'apparence... Viens avec moi, ce soir, aux noces de ce pauvre fou, et je te montrerai le visage et la réalité.

— Soit; mais n'oublie pas la cause pour laquelle je suis venu te trouver, Apollonius, répondit Isaac.

— Suis-moi sans hésitation, car je te fais prendre le chemin le plus court pour arriver à ton but, et je commence à croire que les Dieux veulent que ton projet réussisse, puisque, par ce fol amour de Clinias, ils t'ouvrent la route qui y conduit.

FIN DU QUATRIÈME VOLUME.

Paris. — Typ. de Mme Ve Dondey-Dupré, rue Saint-Louis, 46.

En Vente à la même Librairie:

ROMANS MODERNES, HISTOIRE, LITTÉRATURE ET VOYAGES ILLUSTRÉS.

20 centimes la livraison contenant la matière d'un volume in-8°.

EN VENTE :

	vignettes.	fr. c.
La Famille Gogo, par Paul de Kock		
Un malheur complet, par Fr. Soulié.	7	» 50
Julie, par Frédéric Soulié.	24	1 20
La Lionne, par Frédéric Soulié.	20	1 10
Diane de Chivry, par Fréd. Soulié.	8	» 50
Le Conseiller d'État, par Fr. Soulié.	22	1 10
Le Docteur rouge, par J. Lafitte.	16	» 90
Les quatre Sœurs, par Fr. Soulié.	23	1 10
Le Magnétiseur, par Fréd. Soulié.	21	1 10
Ce Monsieur ! par Paul de Kock.	22	1 10
Voyage autour du Monde (Souvenirs d'un Aveugle), par Jacques Arago.	130	2 85
Une Tête mise à prix, par Dinocourt.	17	» 90
Eulalie Pontois, par Fréd. Soulié.	8	» 50
Le Comte de Toulouse, par Fr. Soulié.	25	1 10
Le Juif errant, par E. Sue.		3 15
Les Mystères de Paris, par E. Sue.		8 75
L'Homme aux trois Culottes, par Paul de Kock.	17	» 90
Les Mémoires d'un Page de la Cour impériale, par Em. Marco de Saint-Hilaire.	16	» 90
Rome souterraine, par Charles Didier.	22	1 10
Sathaniel, par Frédéric Soulié.	22	1 10
Le Vicomte de Béziers, par Fr. Soulié.	22	1 10

	vignettes.	fr. c.
L'Amoureux transi, par P. de Kock.		
Les Prisons de l'Europe, par Alboise et Maquet.	66	3 15
La jolie Fille du Faubourg, par Paul de Kock.	25	1 10
Le Lion amoureux, par Fr. Soulié.	9	» 50
Les deux Cadavres, par Fr. Soulié.	24	1 10
Les Mémoires du Diable, par Fr. Soulié.	66	3 15
Les Crimes célèbres, par Al. Dumas, les 5 parties en un seul volume.	91	3 90
Les mêmes par séries brochées séparément comme suit :		
La Marquise de Brinvilliers, la Comtesse de Saint-Géran, Karl Sand, Murat, les Cenci, par Al. Dumas.	21	» 90
Marie Stuart, par Alex. Dumas.	14	» 70
Les Borgia, la Marquise de Ganges, par Alex. Dumas.	21	» 90
Les Massacres du Midi, Urbain Grandier, par Alex. Dumas.	21	1 10
Jeanne de Naples, Vaninka, par Al. Dumas.	14	» 70

MAGASIN THÉATRAL ET FRANCE DRAMATIQUE ILLUSTRÉS.

20 centimes chaque pièce complète.

EN VENTE :

Masséna, par Cogniard frères.	20 c.
La Faridondaine, par Dupeuty et Bourget.	20
Jean le Cocher, par Bouchardy.	20
La Fille de Mme Grégoire, par MM. Delaporte et G. de Montheau.	20
Mercadet, par H. de Balzac.	20
Claudie, par Georges Sand.	
La Marquise de Senneterre, par Mélesville et Duveyrier.	20
Le Verre d'eau, par E. Scribe.	20
La Pensionnaire mariée, par Scribe et Varner.	20
Les Rubans d'Yvonne, par Ch. Paul de Kock et L. Thiboust.	

Simple Histoire, p. E. Scribe et de Courcy.	20 c.
Un Bal du grand monde, par Varin et Duverger.	
Jenny l'Ouvrière, par de Courcelles et J. Barbier.	20
Le Riche et le Pauvre, par Émile Souvestre.	20
Les Enfants de troupe, p. Bayard et Biéville.	20
Les Pilules du Diable, par Anicet Bourgeois et F. Laloue.	20
Le Diplomate, par E. Scribe.	20
La Chanoinesse, par E. Scribe et Francis Cornu.	20
Le Mari de la Dame de Chœurs, par Duvert et Bayard.	20

---

25 *centimes la livraison.*

CHANTS ET CHANSONS POPULAIRES DE LA FRANCE.

Chaque livraison se compose de 4 belles vignettes sur acier et d'une grande quantité de chansons populaires grivoises, bachiques, militaires, romances, cantiques, complaintes historiques et burlesques.

L'Ouvrage sera complet en 80 livraisons. 50 livraisons sont en vente.

Paris. — Imprimerie de Mme Ve Dondey Dupré, rue Saint-Louis, 46, au Marais.

www.ingramcontent.com/pod-product-compliance
Lightning Source LLC
Chambersburg PA
CBHW060359170426
43199CB00013B/1929